ロマン・プロセス・アプローチ
RP法で特別支援教育の授業を効果的に高める

太田正己 編著

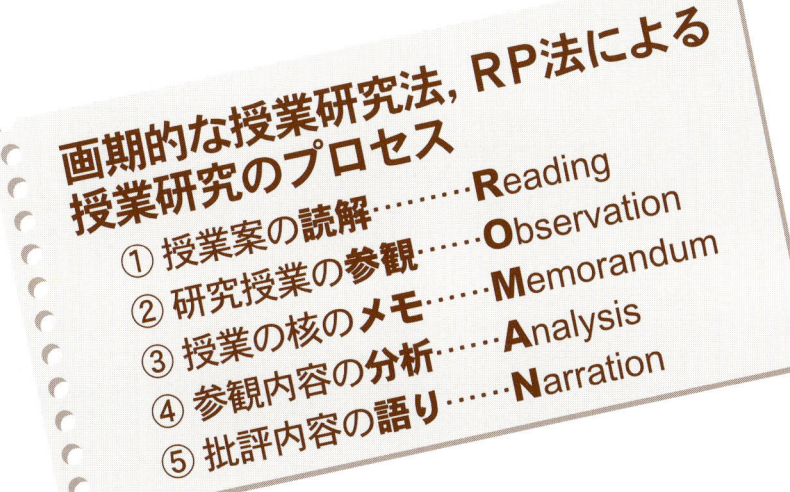

画期的な授業研究法，RP法による授業研究のプロセス

① 授業案の読解 ……… **R**eading
② 研究授業の**参観** ……… **O**bservation
③ 授業の核の**メモ** ……… **M**emorandum
④ 参観内容の**分析** ……… **A**nalysis
⑤ 批評内容の**語り** ……… **N**arration

黎明書房

はじめに

　特別支援学校等，教育現場では，日々，授業が行われている。その授業をよりよく行おうと努力している教師は多い。しかし，その努力が時にはひとり相撲になり，成果が現れない場合もある。効果のある授業づくりは難しいと思ってしまう教師もいる。

　一人で奮闘するのではなく，仲間と切磋琢磨することが大切である。そのためには，授業づくりと研修のための新たな方法をつくりだすことが必要である。教師同士の専門性を高め合う同僚性が構築され，授業の改善が行われ，研修会に参加した教師一人一人の授業力が高められる研修方法が必要である。

　教師の研修方法の中心は，やはり校内での授業研究会である。研究授業を行う教師の他は，授業案を読み，研究授業を参観し，授業検討会に参加する。これが，教育現場でのオーソドックスな方法である。

　この研修方法は，明治期初め頃からの歴史がある。しかし，実のある研修にならないという不満も参加者からは聞かれてきた。不満の歴史もこの方法と同じほど長い。参観しても，参観者（教師）に授業を観る目が育っていなければ，有効な実のある研修にはならない。すなわち，授業改善や授業力の向上，同僚性の構築につながっていくためには，教師の授業を観る目が大きく影響する。

　そのために，このオーソドックスな方法を改善し，実施するのが，ロマン・プロセス・アプローチ（RP法）である。RP法は，授業を改善し，授業力を向上させ，同僚性を構築するために行われる研修会での授業研究の方法である。

　RP法は，教育現場での実践研究によって構築され，養護学校，現在

の特別支援学校の授業研究会に取り入れられるようになって，20年あまりである。現在では，全国的に取り組みがみられる。今後さらに方法を洗練していくことが必要であるが，すでに校内研修にRP法を取り入れ活用し，応用発展させている取り組みもある。

　本書は，全国で取り組まれている「RP法を活用した授業づくり」について，特別支援学校での校内研修・授業づくりの実践を中心に，大学の演習や授業の研究方法としての取り組みなども含め，様々な立場からのRP法を活用した実践の報告を編集したものである。これらの取り組みが参考にされ，よりよい授業が実現していくこと，それが編者の望みである。

　最後になりましたが，今回もまた，黎明書房武馬久仁裕社長，斎藤靖広さんを初めとして，黎明書房のみなさんにお世話になりました。感謝いたします。

　平成22年4月吉日

新たな視界を得て

編著者記す

目　次

はじめに　1

1　効果的な授業をつくるための　RP法（ロマン・プロセス・アプローチ）　の手続き　…　5

2　授業案の読み合わせを大切にしたRP法の取り組み　…　14

3　APDCAサイクルとRP法による授業改善　………　24

4　「学び方」の観点や授業評価の観点を活用したRP法に基づく授業づくり　……………　35

5　RP法を活用した初任教員指導　………　48

6　RP法活用による授業参観のポイントづくり　………　59

7　RP法を中心にした授業の改善と協働性の高まり　……　70

8　RP法を活用した通常学級の授業改善のコンサルテーション
　　―特別支援コーディネーターの視点から―　………　80

9 　授業づくり・自己研修とRP法 90

10 　大学での講義へのRP法の活用
　　　—学生の実践力の形成— 103

11 　RP法と授業研究 114

おわりに　125

1 効果的な授業をつくるための
RP法 の手続き
（ロマン・プロセス・アプローチ）

(1) RP法の実施法

① RP法とは

　RP法とは，授業者と授業参観者が，授業の事実に基づいて，授業目標の適切さと目標達成の手段の妥当性を検討し，授業意図を実現するように語り合うことである。そのために，次の過程（プロセス）をとる。それは，各段階の頭文字をとって，ROMAN プロセス・アプローチと呼ばれる。

　① 読解（授業案の）　　Reading
　② 参観（研究授業の）　Observation
　③ メモ（授業の核の）　Memorandum
　④ 分析（参観内容の）　Analysis
　⑤ 語り（批評内容の）　Narration

　授業研究会では，司会者の進行によって，授業の参観者による「⑤語り」と授業者の語りが中心に進められる。参観者の語りは，研究授業についての批評である。それは，授業者がどのように授業を行えば，授業意図を実現できるのかという視点からの語りである。しかし，その語りは，授業者を持ち上げたり，授業を持てはやしたりすることではなく，授業の事実に基づいて行われる「持て成し批評」である。

　明治15年，授業研究が始められた頃すでに若林虎三郎は，「教授を観察し……批評を加えること最有益なり」とその著書『改正教授術』に記している（太田，2007）。

② RP法による校内研修実施の利点

校内研修において，RP法による授業研究を実施する利点は，大きく分けて，次の3つである。
① 授業の改善（主に授業者のために）
② 授業力の向上（主に参観者のために）
③ 同僚性の構築（学校ないしはその職場の教師たちのために）

この3点は，授業研究の目的でもある。以下に説明していこう。

1つ目には，RP法は，研究授業として提供された授業をよりよいものにするために，授業者は次回の授業においてどこをどのように変えればよいのか，いわゆるどうすれば授業の改善がなされるかを検討するものである。このことは，授業者にとって有効な情報を提供することになる。筆者が教育現場で実証的に研究してきたのはこのことである。

2つ目には，参観者にとって授業力の向上をもたらす情報が提供されるということである。RP法による授業研究会では，参観者は授業の事実に基づいて，授業目標の適切さとそれを達成する手だての妥当性を検討し，授業意図が達成されるように語る。したがって，実態把握の仕方，授業の事実の記録の仕方，授業目標の設定の仕方，どのように教材づくりをするかという教材化，授業者は子どもにどのように働きかけ，その結果がどのようであったかという教授行為の具体化と評価について検討されることになる。

そのようなことが語られる授業研究会に，それぞれの参観者が自ら参観しメモした授業の事実をもって参加することは，参観者各自の実態把握する力，記録する力，目標設定する力，教材化する力，具体化する力，すなわち授業力を向上させることになるのである（太田，2008）。

3つ目には，RP法による授業研究会を持つことは，以下の章において実践とともに報告されることになっているように，互いに教育の専門家として育ち合う関係である同僚性を育てることになる。それは，授業

案の読解において「読み合わせ」の手法を用いる場合に顕著である。

(2) RP法の具体的手法

① 具体的手法

授業研究は、授業者からみると、授業案の作成に始まり、研究授業の実施・公開を行って、授業検討会あるいは反省会と呼ばれる研究会で検討し、次の授業を創造するプロセスである。一方、参観者からみると、授業案の読み取りから始まり、研究授業の参観・メモ・分析を行い、授業検討会での検討・創造（批評）というプロセスを辿る。

最近では、参観できなかった教師に対して、VTRで研究授業を視聴する時間をとったり、確認したりすることもある。しかし、この方法の基本は、図1のような流れである。

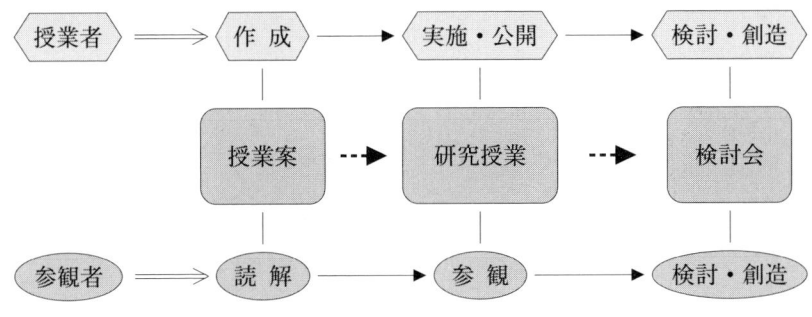

図1　授業研究のプロセス

ア　授業案の読解（Reading）

参観者が、第一に行うことは、授業案の読解である。わが国の授業研究においては必ず授業案が参観者に配付されてきた。この授業案には、授業を参観するための情報がぎっしり詰まっている。したがって、授業案を読んで参観するのと読まずに参観するのとでは、参観において〈見えること〉が違ってくる。

次に挙げる各段階の視点（表1）について、その内容を読み取るので

ある。例えば，授業意図は，授業案の中の「単元（題材）設定の理由」欄を読むことによってほぼ把握できる。

　このとき，授業案の読解の1つのやり方として，参観予定者が3人から5人くらいまでのグループで読み合わせを行えば同僚性が高められる。ただし，読み合わせは授業者を入れずに行うことが原則である。授業者が入ってしまうと，教育実習生に対して行うような指導案指導になってしまう恐れがあるからである。授業案の読解や読み合わせは，参観のための情報を得ることが目的であり，誤字脱字を指摘したり，授業者に説明を求めたりする指導案指導ではない。

　読み合わせのやり方や効果は，詳しく本書の中で報告されている。

　筆者は，実際，読み取る場合に3種類以上の多色ボールペンを使い，関連項目を線で結んだり，解釈を書き込んだりして，読み取る内容の関連性を見やすくしている。

イ　研究授業の参観（Observation）

　まさに研究授業を参観する。その視点は，表1の通りである。この場合に，もっとも重要なことは，授業目標，実態，教授行為，教材・教具，学習活動の関連性を見るということである。教職経験を積んだ教師は，参観において次のような関連性を見ている。例えば，授業者（授業者集団）はどのように子どもの実態を把握し，授業目標を挙げ，それを子どもたちに示し，どのような教材・教具をどのように使って働きかけ（教授行為），学習活動を促し，何を評価しているのかを見ている。

　これらを見取るためには，授業案の読解の時点で，「本時の展開」欄からこの場面とこの場面，授業者のこの説明と発問，板書（教授行為），そのときのA君の学習活動というように具体的に参観する授業場面をチェックし，参観のポイントを明確にしておかないと見逃してしまうことになる。

　実際の参観では，「どこから見るか」，すなわち「見る位置」が重要に

なる。教師の働きかけが見え，子どもの応答（表情やしぐさ）が見える位置から見るように心がけるべきである。ただし，授業の妨害をしてはならない。授業の事実を見取るためには，まず，授業案に登場する一人一人の子どもが，どの子であるか確認することはいうまでもない。

なお，ビデオ撮影を行う者は，ここに述べたことをよく理解しておくことが必要である。

ウ 授業の核のメモ（Memorandum）

メモは，実際に紙にメモすることもあれば，頭の中の記憶に留める場合もある。しかし，具体的な事実を挙げて批評することが重要であるから，やはり紙に授業の事実をメモする方がよい。

筆者は，参観しながらメモを取るためにA4判の見開きになったクリップファイル（バインダー）を使っている。これは授業研究会で配付される授業案がほとんどA4判の大きさであるためである。

直接，授業案に書き込むことも多いが，1つの授業について必ずA4の白紙2枚を準備して，一応時系列に沿って，特に参観のポイント（授業の核である場合が多い）について教師の働きかけ（教授行為）と子どもの学習活動での事実を書き込み，適宜関連することを矢印や線で結んでいる。この場合にも3種類以上の多色ボールペンを使うと色で関連性を示しやすい。

また，事実と同時に気づいたことや感想，解釈をペンの色を変えて書き込むようにしている。

エ 参観内容の分析（Analysis）

筆者は，A4の白紙に分析内容を書き込んでいる。
限られた時間での分析であり，語り（批評）であるので，授業意図（目標）の達成がどの程度に，どのようにできたのかを，参観メモを基にして分析し，本時の授業のどこをどのように変えていくとよいのか，事実と関係づける。

その上で，語りの順序を考えて分析の内容を順序づける。

ティーム・ティーチングの場合は，授業者集団で授業意図が十分に把握され共有されていないことが多い。そのため，筆者は，分析の場合にしばしば授業案を読み返し，授業意図を明確に表わした文章を探しておいて，批評（語り）において，授業者集団が意図を再確認できるように準備する。

オ　批評内容の語り（Narration）

授業意図を尊重し，それを実現するためにはどうすればよいか，を語る。場合によっては，授業意図が明確でないことがある。その場合は，授業案の文章を取り上げ，意図を明確にするように努める。

授業者は，授業の中での子どもの様子をつぶさに観察できていないことも多い。授業者が気づいていない点について事実を挙げて伝えることで，改善の方向が明らかになる。

②　各段階の視点

次に，RP法における各段階での視点（表1）を示す。この視点で授業研究を行うことによって，授業研究における3つの目的が達成できることになる。

表1　RP法における各段階の視点

段階	視　　　　点
読解 （R）	・授業者の授業意図は何か ・子どもの実態は授業者にどのように捉えられているか ・教材のメリット，デメリットは何か ・学習活動や手だてはどのようなものが設定されているか ・具体的な評価の基準は何か
参観 （O）	・授業目標はどのように子どもに提示されているか ・子どもの実態はどうであるか ・教授行為がどのように行われるか

	・教材・教具がどのように子どもに提示されるか ・学習活動はどのように行われるか ・授業目標，実態，教授行為，教材・教具，学習活動の関連性はどうなっているか
メモ （M）	・授業の「事実」をメモする ・授業の核を中心に「事実」を関連づける ・解釈，感想と「事実」を区別する
分析 （A）	・授業の「事実」に基づいて，授業意図（目標）と教授行為，教材・教具，学習活動との関連性を分析する ・授業の「事実」に基づいて，授業者の評価と授業意図（目標）との関連性を分析する ・授業の「事実」に基づいて，授業者の子どもの実態把握と自分（参観者）のそれを比較，分析する
語り （N）	・最初は，授業意図を肯定して語る ・建設的に語る ・授業の「事実」を挙げて，具体的に語る ・理由を挙げて論理的に語る ・授業者に敬意を表した言葉で語る

③ 実施上の留意点

ア　授業研究での抽出児（焦点化児童）法

　授業研究において，学習集団の中から特定の子どもに焦点を当てる場合がある。授業そのものは，学習集団の子どもたち全員を対象にして行われる。しかし，学習集団が大きい場合，例えば20人の学習集団では，20人全員を観察するのは難しい。増して特別支援学校の授業，例えば作業学習のように全員が同じ教室で一斉に同じ学習活動に取り組むのではなく，異なる空間で異なる学習活動を行うことがしばしばある。このような場合は，誰かに的を絞って観察することが必要である。

　そこで，ある子を抽出，あるいは焦点化して参観を進めることが重要になってくる。しかし，そのことは，対象とされた子どもの事例研究を

行うのではない。あくまでも授業研究であるから，授業（教授行為，教材・教具，学習活動，教師の姿勢や価値判断等）が学習集団の子ども一人一人の学習（感じ方，考え方，行動も含む）にどのように影響しているかという授業のあり方を検討するために抽出児を通して資料を収集するのである。

　このことを理解して，授業研究に臨まなければならない。
イ　RP法は「持て成し批評」であるということ
　この場合，持て成しとは積極的に相手の本来の状態を維持し，相手を持って相手の本来あるべき状態をなすことである。実際の授業批評では，授業者の「本来ありたいと願っている方向」，すなわち1時間の授業において，授業者の授業意図に即して，それをよりよく実現するように批評することである。
ウ　「授業意図に即して」ということ
　ティーム・ティーチング，すなわち授業者集団の「授業意図に即して」あるいは「授業意図に基づいて」の批評が効果を挙げるためには，授業案に書き込まれた授業意図を構造化する必要がある。複数の教師がかかわって授業案作成を行うために，授業意図が整理されていないことも多い。そこで，授業批評においては，授業案に書きこまれた授業意図を確認し，複数の授業意図がある場合には，それらの関係を整理することが重要である。すなわち，研究授業において何をしようとしたのかを，授業案の記述と参観した事実に基づいて，明らかにすることである。

　その上で，その授業意図を実現するために，どのような指導の手だて（教材・教具，教授行為）が必要なのかを授業者集団に示すことである。
エ　授業意図について
　〈授業者の意図〉という表現は，授業者のみの考えと捉えられてしまう恐れが強い。そうではなく，本人の要求や保護者の願いや希望，また教師の考えを勘案して設定されるものである。筆者は，これまであまり

〈授業者の意図〉と〈授業意図〉を区別しては使用してこなかった。授業者の個人的な思いから〈授業意図〉が作られてくるものではないことを示す必要がある。それで，今後は〈授業意図〉という表現を使っていきたいと考える。

〈授業意図〉は，子どもの発達課題，子どもの願い，親の願い，社会的要望等を考慮した上で考えられた，授業で実現したい授業者の意図を意味している。1時間の授業を行う場合に授業意図は，個別の教育支援計画から個別の指導計画を経て授業案において明確化されてくる。そして，授業案では，単元（題材）設定の理由から授業目標へ，そして指導の手だてにおいて具体化される。それゆえ，授業意図は，授業者が勝手に持つものではなく，本人や保護者とのかかわりの中で形成されてくるといえる。

オ　司会者の役割

授業検討会での司会者は，重要な役割を担っている。授業者と各参観者の語りが授業の事実に基づいて授業意図を実現するようになされる。そのような授業検討会を司会者は進めなければならないからである。

そのためには，RP法の意義や実践法をよく理解している者が司会を担当することである。

〈文献〉
・太田正己（2007）『特別支援教育の授業研究法―ロマン・プロセス法詳説―』黎明書房。
・太田正己（2008）『授業案作成と授業実践に役立つ特別支援学校の授業づくり基本用語集』黎明書房。

（太田正己）

2 授業案の読み合わせを大切にしたRP法の取り組み

　本章ではRP法の一連のプロセス，すなわち「Reading→Observation→Memorandum→Analysis→Narration」の内のReadingに位置づく取り組みとして授業案の「読み合わせ」について触れていきたい。簡単に述べると，「研究授業の実施前に参観する側の教師が集団で授業案を読み合わせる」というものである。

　以下，授業案の読み合わせに取り組み始めた経緯，その具体的な展開と留意点，研究授業や授業検討会を充実させていく上での読み合わせの成果と有効性，最後に同僚性の問題にも若干触れる形で論を進める。

(1) 授業案の「読み合わせ」に取り組み始めた経緯と動機

　筆者は1983年より滋賀県立北大津養護学校[1]小学部で勤務してきた。まず1980年代後半頃の学部研究の様子から振り返ってみたいが，当時は「子ども達にいかに良い授業をつくるか」に研究の目的を焦点化していた。そしてそれらは以下の視点のもとで構築されるものと仮説立てを行って研究を進めていた。

- 授業を組み立てる際に，子どもの実態を的確に捉えること
- 実態から正しく教育課題や個人課題を設定し，課題にふさわしい題材を選択すること
- その題材を使った授業の中で，教師が適切な働きかけをしていくこと
　―その授業の中で教師が的確に「人としての役割」を果たすこと―
- 実態の捉え方，設定した課題，用意した題材，教師側の働きかけ等々について，ていねいな検討を繰り返し積み上げていくこと

以上の4点である。

　ただ当然のことながら，視点を構築することは重要ながら，一方でそれを確認しあうだけではなかなか実際の授業づくりにはつながらない。そこで組織的かつ継続的に授業研究を深めていく取り組みが必要だと感じたことから「研究授業」を繰り返し行うことを開始している。授業づくり，授業研究を始めるにあたってそれが一番効果的な方法であると考えたからである。

　そしてその後一定期間研究授業を繰り返し積み重ねたが，私達はすぐに行き詰ることとなった。行っている研究授業や，その後の授業検討会が全然充実せず，いつまでたっても議論の精度が甘いのである。一生懸命に労力をかけているにもかかわらず，「何かが見えた」という研究授業にもならなかったし，放課後の授業検討会でも表面的な意見や感想に終始して議論がなかなか深まらない，その授業の核心部分に迫りきれないままに検討会が終わってしまう，何かがつかめたという実感が得られない等々の実態にあったのである。

　そこでそうした状況を打開するために研究授業と授業検討会を充実させる方策を考え始めたのである。まずは組織的に学習会を展開するところに立ち返った。当時京都教育大学の太田正己氏を講師に迎え「授業の見方」について学び，授業を批評していく上での視点のあり方として「持て成し批評[2]」について学んだ。そうした学習を踏まえ，さらに検討を深めた末にたどり着いた結果が授業の充実を図る上で欠かせないのは**「生の授業を見ること」「事実をしっかり客観的に捉えること」**という点である。そして先の「持て成し批評」に照らし合わせると，**「授業を参観する前段階で授業者の授業意図を確実に把握しておくこと」**が必須となるし**「参観者側が事前にどれだけ授業案を深く分析的に読み切れているか」**が大きなポイントになるということである。研究授業や授業検討会を充実させる方策を練った結果として授業案の十分な読み取りが

重要なカギであると思うにいたったということである。したがって私達は事前に個人で"読んでおく"ことはしていたもののそこから一歩進めて1997年から参観者側の教師が集まって授業案を集団で読み合わせ，事前に議論をすることを始めた。これがここで述べている「読み合わせ」の始まりである。

太田氏には1990年代初頭より10年以上共同研究者として年数回の研究授業で指導・助言をいただいてきたが，そのような研究方法の改善も重ねてきた中で研究授業と授業検討会は確実に充実したものとなった。

筆者は2002年に現在の勤務校である滋賀県立新旭養護学校に異動をしたが，こちらの学校に異動をしてきて最初に感じたことは以前に前任校で感じていたのと同じ「研究授業と授業検討会の精度の甘さ」であった。そこで，新しい同僚の先生方に「授業づくりの大切さと研究授業の流れ」「授業案の事前読み合わせの意義，有効性」等を訴える中でこちらでも2007年より「授業案の読み合わせ」を行うようになり，現在にいたっている。

⑵　授業案の「読み合わせ」の具体的な展開と留意点

滋賀県立新旭養護学校小学部では学部を単位とした研究授業ならびに授業検討会を年間各クラスともに1回設定している。そこでの研究授業・読み合わせの流れおよび留意点を整理すると以下の通りである。

　① 　授業案の配布
○年間計画であらかじめ確認された研究授業日の約1週間前（少なくとも2～3日前）に該当クラスから学部教員へ該当クラスの集団論議を経て授業担当者が作成した授業案を配布する。

　② 　研究授業実施体制の確認
○約1週間前には当日の実施体制（参観体制）について研究部の担当者が整理し学部員で確認をしておく。

○授業検討会の司会者，記録者，授業ビデオ撮影者を決めておく。
〔留意点〕
・ここでは「できるだけ多数の教師が授業参観に参加できること」を最優先に考えている。本校の場合，研究授業の実施時間中の他クラスの子ども達は1つの教室に集まりビデオやDVDの鑑賞会を行う場合が多い。そこに対応する最低数の教師を確保して，それ以外の教師は全員が参観にいくように調整している。

③ 授業案の事前「読み合わせ」

○研究授業実施の2～3日前に該当クラス以外のクラス担任集団を単位として授業案の読み合わせを行う。本校の場合現在小学部では3学級編成だが，例えば1組が研究授業を行う場合には，2組の教師集団，3組の教師集団という単位で読み合わせを行うわけである。
〔留意点〕
・読み合わせを行う直前にその目的，意義，手順の例を学部の中で再度周知させる手続きをとっておく。年度当初，研究授業の計画を立てる

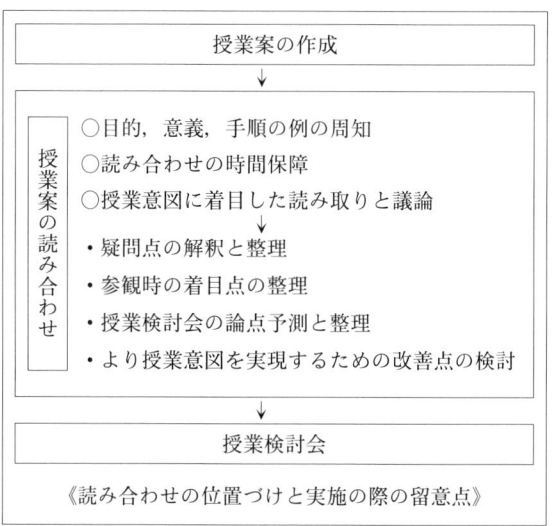

《読み合わせの位置づけと実施の際の留意点》

際に学部員に確認しておけばよい問題ではあるが，直前で確認しなおした方が徹底させていく上では，ていねいである。そのことを押さえるためだけに会議を設定する時間的な余裕は当然ないので筆者の場合は要点だけを記述したものを配布してきた経過もある。こうした手続きは毎年人事異動に伴い構成員が変わる学校現場にあっては必要な手続きである。

・読み合わせの時間保障はしっかりとする。そのために読み合わせを行う日も，あらかじめ調整した上で学部の会議予定の中に入れて確認をしておく。

・本校では通常放課後の1回の会議を読み合わせに充てているので時間的には1時間30分程度をかけて行っているが，まず集団内で交互に音読をしながら疑問点や意見を持ったところをチェックしていく。さらに一通りの読み取りを終えてから，それぞれが感じた疑問点や意見を出し合い，議論をする。

・読み合わせや議論をする際に特に押さえておきたいのは，授業案の項目単位で区切った議論にはしない方が良いという点である。授業案や，それを反映した実際の授業には「構造」がある。個別の項目に着目するよりも，項目間を縦断する授業者の「主張」や「思い」や「願い」や，それらを具体化していく手続きとの整合性に着目した方がより深まりやすいと考える。例えば「単元（題材）設定の理由」と「単元（題材）のねらい」と「展開」の中の「指導上の留意点」を"点"ではなく"線"や"面"で捉えるといった見方をすると深みのある読み取りができるように思う。

・読み合わせの中で生じた疑問点については当然その時点では授業者の見解を聞くことを目的とはしていないので，その回答は推測の域をでないが，その解釈はすり合わせるようにしておく。さらに参観時の視点，何に着目をして授業を見るか，何を授業検討会の議論にすべきか

を整理しておく。そして視点としてその授業者の授業意図をよりよく果たすためにはどこに改善の余地があるのかをその時点でわかる範囲で整理をしておく。
- それらの議論の中身は授業検討会時に利用できるし，また後の授業分析の際に利用できるので記録として文書にとどめておく。
- 読み合わせた結果を授業検討会の司会者に伝えるか，伝えないかは両方の場合がある。事前に読み合わせの結果を伝えると司会者が授業検討会の前に論点になるであろう点について自分なりに検討を深める時間的な余裕を持たせたり，議論の展開をあらかじめ何通りか想定しておけるという意味ではメリットもあるが，逆にはそうした"先入観"が議論の深まりを阻害するように感じる検討会もあった。そのあたりはまだ検討の余地があるように思われる。
- 当然のことながら読み合わせの結果を研究授業の実施前に授業者に伝えることはしない。読み合わせに取り組み始めた頃に実際にやってしまった"失敗例"だが，それをしてしまうと授業者に「自分のやりたい授業」ではなく「参観者につつかれない授業」をしようという心理にさせてしまうのは当然である。

④　研究授業
○研究授業当日。設定した時間で研究授業および授業参観。

⑤　授業検討会
　当日の放課後に授業検討会を行う。授業の中身によって各回ごとに議論の流れは必ずしも一定ではないが通常は以下の流れで行っている。
○当日のVTRは消音の状態で常時流しておき，参観していない教師も参考にできるようにする。
○授業者・サブ指導者のコメント（授業案の補足，当日の授業を振り返ってのコメント）。
○参観者からの質問，意見（当日の授業について，授業案について）。

○参観していない教師からの質問，意見（主に授業案について）。
○授業者との応答。
○司会者による論点の整理～参加者全員での論議。
○司会者による議論のまとめ。
　〔留意点〕
・ここで留意していることは前述の太田氏が提唱されていることと同じである。すなわち，授業者に敬意を払うこと／印象で語らず事実を根拠に語ること／論理的に語ること／建設的に議論すること／授業者の授業意図の実現のために語ることである。

⑥　授業検討会翌日以降
○該当クラスで授業検討会での論議の中身を再度検討，解釈し，以降の授業について再検討を加え，議論を反映させながら授業を改善する。

⑦　単元（題材）終了後
○単元（題材）終了後に該当クラスでその単元の「まとめ」を作成する。本校では「実践のまとめ」と呼称しているがその中で，その題材の評価，教材の評価，児童の評価，研究授業や授業検討会で得られた知見，翌年に向けて申し送るべきことを整理する。それらは紙資料として常時閲覧できるようにファイリングすると同時に学校のサーバーにも保存し，翌年以降も含めていつでも参考にできるようにする。
　以上が１回の研究授業について，読み合わせを行う手順と留意点である。

(3)　授業案の「読み合わせ」の成果と有効性

　授業案の読み合わせを行ってきて，前任校の滋賀県立北大津養護学校ならびに現任校の滋賀県立新旭養護学校で，授業研究を深める上で少し大げさにいえば"劇的に"効果を挙げることを実感してきた。1980年代後半～1990年代半ばに北大津養護学校が行き詰った壁を乗り越える

ことができたし，2006年まで新旭養護学校が抱えてきた授業研究の甘さ，「労力をかけているのに研究授業はやればおしまい」といったジレンマの克服になった。

　以下，具体的に成果と有効性を整理する。

- 授業案を通して得られる授業者の意図の確認や，その解釈，疑問点の出し合いを通して授業を実際に参観する際の具体的な視点が確立される。
- その授業を検討，評価していく際に何が問題となるのか，何を問題とすべきかについて事前に予測が立つ。
- 授業案を読んだ自分なりの思いや意見が集団論議の中で検証される。
- 他者の意見を聞くことで新たな視点が生まれたり，発見がある。
- 授業検討会に明確な意見を持った主体的な参加ができるようになる。
- 授業検討会で感想レベルの意見や印象による批評が大幅に減る。無意味な「批判」「非難」はなくなり，無責任な「賛辞」もなくなる。
- そのことで授業検討会が充実する。限られた時間でも論点の定まった"かみあった"論議が可能になり，論議を深めやすい。それは即ち授業者にとっても，以降の授業を改善していく上での大きな指標となり，授業研究そのものの目的とも合致する。実際，授業者は真剣だからこそ必ず何らかの悩みを持って授業をしている。検討会はバラバラの意見を出し合うのではなく，その悩みの部分に話が集中していくことになる。それは授業者のニーズと合致することともなる。
- 他者の授業案を検討する際には，例え無意識であれ必ず自らの実践と比較検討をしていることになる。それはすなわち自分の実践をつきつめることでもある。そのことをもう少し「組織」「集団」に着目したいい方をすると，読み合わせを通して他のクラスの実践やそのクラスそのものの理解が深まるということである。それは同時に読み合わせている側のクラスの足場を固めていることでもある，ということであ

る。そのことは学部を単位として教育課程を検討したり，固めていく上で非常に有効な手続きにもなっている。お互いのクラスを正しく知り合えている，共通理解できていることは実践を固めていく際の大前提になるということである。
- 他者の授業と向き合う，自らの実践と向き合う……こうした営みを繰り返していると，こと研究授業に限らず普段のあらゆる授業づくりの精度があがっていくことが実感できる。
- それは同時に授業を見る目を養うことでもあり，授業案を書いたり読み取ったりするスキルの向上にもつながる。また，学習活動や授業案の構造の理解にもつながる。
- 他者の実践と向き合うことはその他者と向き合うことと同じことで，そうした関係は職場づくりとも関連するし，実践者集団としての成熟度もあがる。授業者，参観者側もしっかり鍛えられることでその組織（学部）全体の力量の底上げと直結する。

等々である。授業案を読み合わせることはRP法の一連のプロセスの最初の段階での重要なポイントである。読み合わせの結果を踏まえ精度の高い授業参観をすることは，授業を検討する上で必要不可欠であるし，それを成立させるための非常に重要な手続きなのである。

(4) 読み合わせの取り組みと同僚性の構築

最後に，滋賀県立北大津養護学校，および滋賀県立新旭養護学校では集団の力動性に着目をした「授業づくり」をしてきた。

その具体化の1つとして「読み合わせ」をしてきたわけだが，そのことで職場の中に同僚性が構築されることもこの間実感してきたところである。「読み合わせ」やその考え方の契機となった「持て成し批評」は，先に触れた通り「その人の実践と向き合うことであり，その人と向き合うこと」であると感じているが，こうした取り組みが根付いているとこ

ろには必ず教師として良好な関係が構築されるものと信じている。共通の目標に向けて動くことは，同僚性，連帯へと必ずつながるのである。ましてここでいう「共通の目標」とは何ら難しいことではなく，教師であれば誰もが持つ「良い授業がしたい」という当たり前の願いなのである。

　近年，学校現場，各教師の多忙さは大変なものがある。それぞれが抱えきれないほどの多くの業務に忙殺されているのが実際で，ともすれば教師としてのスタンスを見失いかねない状況にある。そんな中にあっても「教師は授業で勝負」であり「教師は授業を通して子どもを変容させることのプロフェッショナル」であることにはこだわっていたいと思う。筆者は，授業を通しての子ども達の変容を見るのが大好きである。そしてその成長を子ども達自身やその後ろにいる保護者，手をつないで一緒に苦労してきた同僚の先生方と一緒に喜び合うのが大好きである。教師の特権ともいえるそうした醍醐味を味わいながら，翌日以降の活力につながる実践や研究がしたいと願っている。ここで記述してきた「読み合わせ」の取り組みが多くの先生方にとってそうした手応えを得る1つのきっかけになれば幸いである。

〈注〉
(1) 「養護学校」……滋賀県では2009年現在も校名には「特別支援学校」という呼称は使用せず，「養護学校」の呼称を継続使用している。
(2) 「持て成し批評」……授業者の授業意図や願いにそって，それをより良く実現する方向で行う批評。太田正己氏の著書『普段着でできる授業研究のすすめ―授業批評入門』（明治図書出版，1994年4月），『特別支援教育の授業研究法―ロマン・プロセス法詳説』（黎明書房，2007年12月）その他多くの著書に詳しい。

（松井　悟）

3 APDCAサイクルと RP法による授業改善

　本校は，昭和47年に県立知的障害養護学校として開校した。小学部・中学部・高等部のほか訪問教育部・分教室で構成され，将来の社会参加，自立を目指して一人一人に応じた指導支援を行っている。平成22年度4月には，知肢併置の「石川県立明和特別支援学校」として新たなスタートをきった。

　在籍する児童生徒の障害程度の幅は広く，個々のニーズは多種多様である。そのためそれに対応する授業づくりや指導力の向上を図ることが強く求められている。本校では，従来，よりよい授業を目指して，実態把握（Assessment）・計画（Plan）・授業（Do）・評価（Check）・改善（Action）のマネジメントサイクル（以下APDCAサイクル）を基本とした研究授業を繰り返してきた。

　しかし，「目標設定」が不明瞭であることや，授業整理会が積極的な意見交換や改善策検討の場となりにくい状況から，APDCAサイクルが十分に機能していない現実があった。また，平成17年度から「個別の教育支援計画」および「個別の指導計画」を作成し，個々のニーズや実態把握に努めているが，その成果を授業に生かすことの難しさにも直面していた。

　このような問題を解決するため，平成19年度から2年間にわたって取り組んだ本校の実践を紹介する。

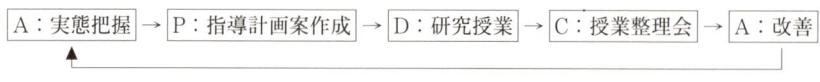

図1　APDCAサイクル

(1) 目的

本校の現状に基づき，APDCAサイクルを十分に機能させるため以下の目標を設定して実践に取り組むことにした。

① 適切な目標設定の方法を探る
② APDCAサイクルの活用上の問題点の洗い出しと実効性のある授業改善を図る
③ 授業実践を通して指導力の向上を目指す

(2) 研究内容および方法

① 指導力向上チームの編成

1年目は，小・中・高の各部数名からなる指導力向上チーム（以下チーム）を編成し，チームメンバーによる研究授業を通して，チーム全体で授業改善システムの見直しを行った。

2年目は，「授業改善」を学校研究テーマとし，前年度のメンバーが各部の研究推進委員となって全校に授業改善のシステムを拡げ，実践を通してさらなる改善に取り組んだ。

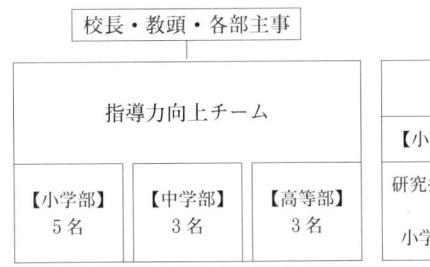

図2 平成19年度研究組織　　図3 平成20年度研究組織

② スーパーバイザーの招聘

専門的な見地から客観的評価に基づいた，授業改善につながる指導助言を受けるため，スーパーバイザーとして太田正己先生を招聘した。

③ **改善のサイクル**

学習指導案の作成から授業の実施や参観，整理会までの流れを明確にし，各部3回の研究授業を計画した。APDCAサイクルに沿って，前回の研究授業および授業整理会での成果や反省点等を踏まえて改善策を検討し，次回の授業者が研究授業を行っていく取り組みをスパイラルに継続することとした。

④ **研究授業の視点**

授業者は事例対象児童生徒の実態や目標に関する資料を作成し，指導案に添付し，参観者はそれらを基に授業参観時の視点を定めた。整理会では個々と授業全体の「目標設定」について検討を行うようにした。

⑤ **まとめの研究報告会**

年度末に全校職員を対象に講演会と研究報告会を行う。各年度の取り組みの成果を検証する意見交換を行い，今後の改善につなげた。

(3) **実践**

第1回目の研究授業の実施に際し，チーム全体で学習指導案の作成から授業整理会までの流れを考えた。一部の教員で行った1年目の取り組みを，2年目は全校での研究として円滑に進めるように，表1のような流れで行った。具体的な内容については，APDCAサイクルの中で資料とあわせて紹介する。

表1　研究授業および授業整理会までの流れ

いつまでに	指導力向上チーム	研究推進委員	授業者	参観者
研究授業の3週間前			・担当者で指導案作成→学年で指導案検討	
研究授業の2週間前	・指導案検討	・指導案検討	・指導案の修正	
研究授業の1週間前	・指導案の読み合わせ実施	・参観ポイントメモ（資料2）を参観者に配付	・指導案配付	・グループに分かれて指導案読み合わせ実施
研究授業前日	・参観ポイントメモ（資料2）を記入→提出	・参観ポイントメモ（資料2）を回収→観点ごとにまとめた資料を作成		・参観ポイントメモ（資料2）を記入→提出
研究授業当日	・研究授業参観 ・授業評価表（資料3）の記載→提出	・研究授業参観 ・授業評価表（資料3）の記載→回収→観点ごとにまとめた資料を作成		・研究授業参観 ・授業評価表（資料3）の記載→提出
授業整理会		・回収してまとめた評価表を参加者に配付（整理会の柱） ・整理会の進行	授業課題や改善点を明確にして，次の授業に活かす	授業課題や改善点を自分の授業に活かす

① A：実態把握（Assessment）
ア 事例対象生徒の資料作成（資料1）

学習指導案には，1〜2名の事例対象生徒について実態や「個別の教育支援計画」「個別の指導計画」と「本時の目標」との関連を示すアセスメント表（資料1）を添付した。本時の目標設定の根拠を明確にし，的確な目標設定を検討するための資料になるようにした。

資料1　アセスメント表

〈児童生徒氏名　　　　　　　　　〉

指導計画の年間目標	生活	
	学習	
	余暇	
	社会性・コミュニケーション	
アセスメント	（心理アセスメント等の結果） ・S−M社会能力検査 ・WISC Ⅲ　　　　等	（分析）

⇩

単元の実態	観点				
	内容				
	様子				
単元の目標					
本時の目標					
手だて					
評価規準					
目標設定の理由	アセスメント，年間目標，自立に向けての視点から教科（本時）で何をねらうのか				

イ 全校共通のアセスメントの実施

1年目の実践の中で，児童生徒の実態に応じた目標設定に関して，そ

の客観性が課題としてあげられた。そのため，2年目は客観性の根拠となる指標として，全校で心理アセスメントの1つとして，「S-M社会生活能力検査」を実施し，検査結果と分析を指導内容や支援方法に活かすようにした。

ウ　授業に関する実態把握

学習内容に応じた実態把握が不十分であった点を改善するため，教科等の観点ごとに単元目標に関する実態を記載する欄を設けた。

そして，事例対象生徒の全体像と学習活動におけるアセスメントに基づいて，的確な目標や指導内容を設定できるようにした。

②　P：計画（Plan）

ア　学習指導案の検討

学習指導案は，授業担当者が作成した後，その授業に関係する学年や同一教科担当者で検討する。それをチーム全体で，目標や学習活動と実態の適合性について検討会を行う。学習指導案は再度，授業担当者間で検討・修正して，研究授業の1週間前までに参観者に配付した。

イ　指導案の読み合わせ

RP法による，「授業者の意図を踏まえて参観の視点を明確にする」考えを取り入れ，研究授業前に，指導案の読み合わせを行った。読み合わせは，意見交換がしやすいように，授業者を除く4～5人程度の少人数グループで行うこととした。

ここでは，児童生徒理解，単元・題材・教材等，指導内容や支援，評価等について読み深め，疑問点や授業の着眼点などを話し合い「参観ポイントメモ」にまとめた。

1年目の課題を受けて，2年目には出された意見を「児童生徒理解」「単元・題材・教材等」「指導内容および展開」「評価規準等」の4観点に沿って記載する様式に変更して活用した（資料2）。

3 APDCA サイクルと RP 法による授業改善

資料2　参観ポイントメモ

【見るポイント例】
- 単元や題材→授業者の意図は？　授業者は子どもの実態をどういうふうにみているのか？
- どのような支援でそれができたか？　どこまでできたか？
- どの場面でどういう言葉かけに子どもはどう反応したか？
- それぞれの目標はどうか？（どういう対応でこの目標に迫ることができるか？）
- どの場面でどの子を中心にみるか？
- 説明の仕方はどうか？（具体的にどんなことなのか？　どういうことをしていたのか？）
- 提示の仕方はどうか？（具体的にどんなことなのか？　どういうことをしていたのか？）

	指導案を見て疑問に思ったこと		どこを見ておいたらその疑問は解決するか
	（記入例） 前回間違えたところを声かけするとあるが、具体的に声かけはどのようなものか？	⇨	調理中の教師の支援，具体的な声かけについて観察する
児童・生徒理解			
単元・題材・教材等	・「ペアの児童がわかるように顔写真を示す」とあるが，生徒が互いにペアを意識するための写真提示の仕方や手だてにどんな工夫があるか。	⇨	・顔写真提示の際の教師の支援や声かけを観察する。
指導内容および展開	・「頑張ることをキーワードや写真で示す」とあるが，児童が頑張ることを理解できるのか。また，頑張ることを意識し，それを実現していく手だてはどのようにされるのか ・「友達と一緒に」を意識するための方策は何か。	⇨	・キーワードがどのように提示されるか注目する。 ・活動中に児童の頑張ることを意識できるような声かけや手だてがされているか観察する。
評価規準等	・活動中，指導の手だてが声かけ中心であり，児童の自発的な動きが導きだされる手だてや支援が必要に感じる。 ・「児童のがんばり」を振り返るための目安は何か。	⇨	・例えば，自ら箱を持つように，わかりやすい目印をつけるなど，直接的な声かけがなくても行動できるような支援があるか注目する。 ・ゲーム中にできたことに対して即時的な評価を行い，活動を振り返る時にそれを目安にするなどの工夫があるか観察する。

〆切　　　　　　　　　　　提出先

③ 実践（Do）
ア 授業実践と参観
　研究授業では，同じ学部の教員はわずかな時間でも必ず参観するように部内で調整した。また，より多くの参観者による授業評価を授業改善へと結びつけるため，全校職員に対しても同じ教科担当者や次回の授業者などに，学部を越えて参観を呼びかけた。

イ 授業評価表の作成
　参観では，RP法の「O：指導案の読み取りによって明確になった参観の視点を実際の参観によって，見取っていく」「M：参観している事がらについて事実を簡潔に書き留める」の2点に重点をおいた。

資料3　授業評価表（記入例）

学部　　氏名

「授業力」について
＊　本時の授業について，以下の項目について気づいたことを事実に基づいて評価してください

分類	項目	良い点			改善点（自分ならこうする等，具体的に）	
児童生徒理解	・支援計画の記載内容 ・個別の指導計画の記載内容 ・本時の学習目標 ・実態の捉え ・的確な学習目標の捉え ・児童・生徒への配慮	事実	T1が児童の名前を時々呼びながら声かけしていた。		事実	Aに対して，書字をするための枠が小さく，主語・目的語・述語の句切りがわかりにくい。	指さしだけの支援でシールをはるようにしていた。
		評価	注意がそれた子どもが再び注目することができていた。		評価	枠をもう少し大きくする，主語・目的語・述語の句切りを示す等の配慮が必要ではないか。	この児童にとっては難しいので貼る場所に印をつけたらどうか。
単元・題材・教材等	・学習のねらいにあった教材解釈や教材開発 ・実態を考慮した教材解釈・教材開発 ・興味関心をもたせるための教材解釈・教材開発	事実	生徒に実態にあった教材の準備が先生方にされており，ABCはなぞり，DEは指定された文字をカードに書いていた。		事実	足型を前半に置き，後半は置かなかった。	係の仕事の内容を文字カードだけで掲示していた。
		評価	5人の実態に適した教材が準備されていて，全体としての活動量や内容が的確だと思った。		評価	自ら，あしの動きを考えようとしていた。	写真カードもあったら，わかりやすい。
指導内容及び展開	・ねらいを明確に提示 ・学習への見通しを図る ・主体的な学習を促す工夫 ・分かりやすい説明 ・個々の実態に応じた適切な活動量の確保	事実	友だちにカードを渡す場面を設定していた。		事実	子どもの実態に合った係の仕事内容を設定していた。	1回ゲームに参加後，係活動もなく座って待っているだけだった。
		評価	友だちと協力するということの意識づけにつながる。		評価	子どもが主体的に取り組んでいた。	活動量が少なすぎるのでゲームの回数や仕事を増やせばいい。
評価規準等	・評価規準が適切であった ・個々の目標を達成している	事実	STが一人一人に本時のがんばることをつたえていた。		事実	活動が終わった後の生徒に対する振り返りの場面がなかった。	本時の目標を子どもに伝えていない。
		評価	何をがんばればよいか，子どもがわかるし，指導の視点も明確になった。		評価	生徒が自分の頑張ったところを発表する場面や，教師が個々を認める場面を設定すればいいと感じた。	始めに伝えたらよい。
その他						

　参観者の意見を集約するとともに，授業整理会の内容を深めるため，「授業評価表」を作成した。2色の付箋（赤：良い点，青：改善点）を使用し，参観者は事実に基づいた意見を書いた。それを掲示用の大きい

「授業評価表」に項目ごとに貼付し，付箋が多い内容を中心に検討を行った。2年目は付箋を用いず，A4サイズの「授業評価表」に改善点を具体的に直接記入する様式に変更した（資料3）。

④ 評価（Check）
ア 資料の配付

整理会では，参加者が情報を共有し論点の視点をそろえるため「授業評価表」や各グループの「参観のポイントメモ」を印刷して配付した。

イ 整理会の工夫

整理会の進行は，RP法の「A：メモをもとにして参観で得た事実を分析」や「N：授業者の意図を肯定して，授業で得た事実をあげて建設的論理的に語る」考えを取り入れ，具体的に話し合う場になるように配慮した。整理会の前半は授業全体の事実に基づき「授業評価表」の4分類に沿って意見を述べ，後半は問題となる場面や課題を絞り，重点的に話し合う流れで行った。参観者は，参観前に明確にした疑問点から参観した様子や事実について，授業者の意図を肯定しながら改善点について話し合うようになった。また，4分類された授業評価表を配付することで，焦点化された意見が増え，整理会は授業者の意図や今後の改善の実現に向けた素材を提供できる意見交換の場となった。

⑤ 改善（Action）
ア 授業者の改善

2年間にわたり多くの研究授業を通して授業改善を行った。授業者はスーパーバイザーの指導助言や整理会の内容を受け，再授業や「個別の支援計画」「個別の指導計画」と関連づけた目標を見直し，新たな視点や支援方法でより良い授業を工夫するなど課題解決に努めるようにした。

イ 全校での改善

広く授業参観を呼びかけたことで，学部を越えた参観者が増えた。縦の関係で参観し合うことで，整理会では，「学部間や教科の連携」や

「指導内容の段階表の必要性」など，新たな視点から授業改善に向けた課題があげられた。また，検討された課題や改善点は，その都度全教員に伝え，全教員自身の授業実践へとつなげるようにした。

ウ　APDCAサイクルの見直し

授業整理会で出された様々な改善点に関する意見を，それぞれどのようなタイミングと方策でフィードバックし，具現化することが授業改善につながるか，APDCAサイクルに沿って課題を整理し，協議・検討を

表2　授業改善のプロセスおよび課題と方策

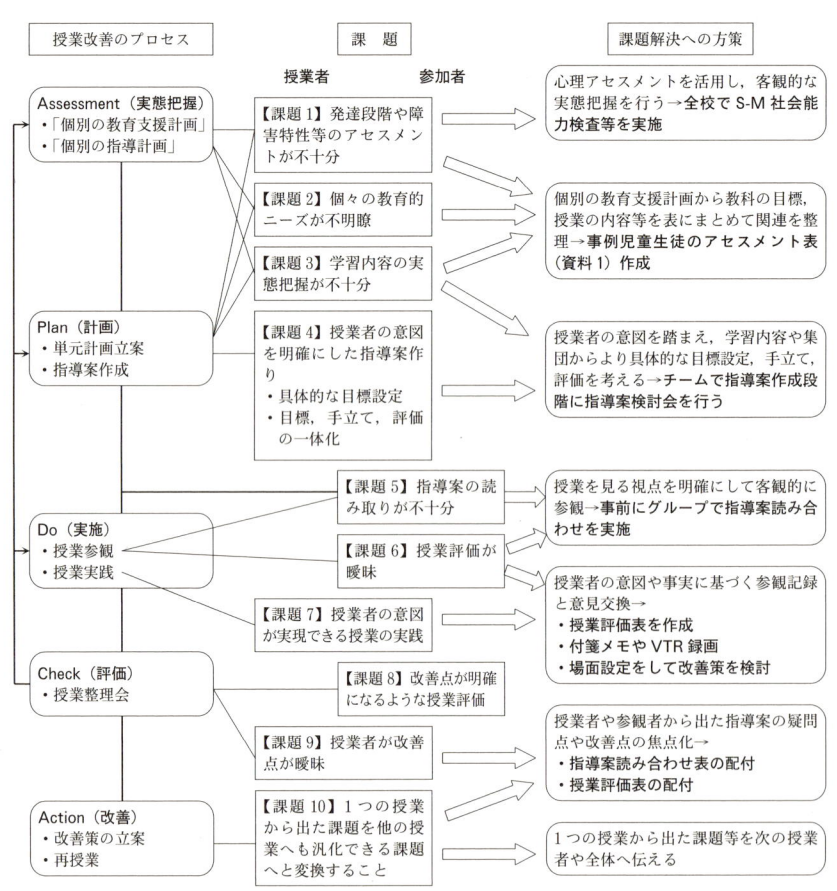

重ねながら進めた（表2）。

(4) 結果と考察

① 的確な実態把握と目標設定

全校で「S-M社会能力検査」を実施し、学習活動における実態把握までのアセスメント表を作成したことは、客観的な指標を確保し実態把握に基づいた「的確な目標設定」に近づけることを可能にした。これまで本校の研究授業で問われてきた「的確な目標設定」を確実なものにするためには、実態把握において、「児童生徒の全体像を客観的に把握する」「日々の授業等での行動観察をていねいに記録する」「アセスメントから総合的に実態を分析する」が重要な条件であることが確認された。

② APDCAサイクルによる授業改善

学習指導案作成において、授業担当者以外の教員も交えて検討を行ったことで、多くの視点から授業づくりを考える体制を構築できた。実践においては、RP法にある「読み合わせ」や「事実に基づく参観と評価」、また「課題解決を促す整理会進行の工夫」は有効な方策であった。また、授業参観の資料を4観点に分類することで、整理会では論点が絞られ、授業者自身の課題や今後の改善策を探る方向を持った意見交流も多くなった。「改善策を教員間で共有する取り組みの定着」「APDCAサイクルにRP法を取り入れた課題解決」「APDCAの各サイクルをつなぐ」ことで、これまでの授業改善のサイクルが機能するようになった。

③ 指導力の向上

特別支援教育における指導力とは、「実態把握する力」「個々の自立した姿を思い描く力」「授業づくりの力（指導案作成、指導技術、支援技術、教材製作と活用）」「教科等の専門的な知識と活用」であると考える。「学習指導案の検討」「学習指導案の読み合わせ」「参観や整理会の充実」は、その過程で今後につながる多くの意見が出され、授業改善に向けた

改善策の策定や授業設計の大きな力につながったと考える。本研究で目的とした「的確な目標設定」「授業改善」は，まさしく教師の指導力としての専門性が問われる課題である。今後も私達は日々目の前の児童生徒の成長を願いつつ，指導力の向上への努力をすることが求められている。

　授業改善にRP法を取り入れることにより，APDCAサイクルでの授業改善が機能してきた。特に「指導案の読み合わせ」や「研究授業の評価」には，RP法の「語り：Narration」にある，「授業者の意図を肯定し事実に基づく論理的な評価として持て成す」ことが重要であった。また，これらの取り組みにより，整理会が発展的な授業改善に向けての意見交流の場にまで高まった。

　本校は知肢併置の総合特別支援学校として新しい体制づくりに取り組む中で，これまで以上に幅の広い児童生徒の実態やニーズを的確に捉え，さらなる授業改善に取り組み教員の指導力の向上を目指すことが求められている。今後は，今までの取り組みの日常化が新たなる課題となる。日々の実践の中で，お互いの気づきを忌憚なく気軽に語り合える「同僚性」を築きながら，教員一人一人が良い授業づくりに向けて授業を帰省する習慣が組織体としての恒常的な授業改善につながると確信している。

〈文献〉
- 太田正己（2004）『特別支援教育のための授業力を高める方法』黎明書房．
- 太田正己（2006）『特別支援教育の授業づくり46のポイント』黎明書房．
- 太田正己（2008）『授業案作成と授業実践に役立つ特別支援学校の授業づくり基本用語集』黎明書房．
- 太田正己（2007）『特別支援教育の授業研究法』黎明書房．
- 東京都教職員研修センター（2006）「平成17年度学力向上を図るための指導に関する研究」．

　　　　　　　　　　　　　　　　　　　　　　　　（荒木春美）

4 「学び方」の観点や授業評価の観点を活用したRP法に基づく授業づくり

　本校中学部では，一人一人が十分に力を発揮することのできる「学び方」の違いに配慮された授業づくりを目指し，「学び方」の観点を整理・活用したり，RP法を参考にした授業研究会を実施したりしながら授業の修正・改善を進めてきた。「学び方」の実態把握シートや，授業評価の観点を活用することにより，授業づくりの流れの具体化や，授業研究会にて共通した視点を持って授業改善に向けた協議を進めるための知見を得ることができた。

(1) 「学び方」の観点の整理

　本校中学部において，「学び方」とは，生徒が学習を進める上で配慮してほしい事柄ととらえた。「学び方」についてその観点を整理していくことで，「学び方」の実態を整理しやすくなるのではないかと考えた。また，「学び方」の観点が明確になることで，単元（題材）の設定，計画，展開，指導形態，目標設定，手立て等，授業づくりの手掛かりにできると考えた。

　そこで，中学部における「学び方」についての観点を，学部研修会において，KJ法を参考にして以下の経緯で導き出した。
① 対象生徒を抽出する（学び方の違いが顕著と思われる生徒）。
② 5教師（担任）が，対象生徒についての学び方を付せん紙に記入する。
③ 対象生徒一人ずつについて，各教師（担任）が説明を加えながらホワイトボードに付せん紙をはっていく。他の教師は，必要があれば各

生徒の学び方について補足する。
④ 同じ内容や似通った内容の付せん紙を同じ紙にはる。
⑤ 何枚かの付せん紙をまとめる際は，それぞれの付せん紙にある言葉を消さないようにして文章を作り，それを書いた付せん紙を重ねた付せん紙の上にはる。⑤を繰り返し，付せん紙をまとめていく。
⑥ 各まとまりに表題をつける。
⑦ 各表題より対象生徒以外の生徒の「学び方」について考え，観点を具体化する。

　導き出した「学び方」の観点を基に「学び方」の実態把握シートを作成し，授業において活用しながら修正・改善を加えた。その結果，「学び方」の観点は，「意欲の持ち方（興味関心）」「環境」「手掛かり」「見通しの持ち方」「学習の進め方」「"ことば"」「その他」という7つに整理することができた。

学び方の実態把握シート（例）

中学部3年　氏名：　A

観点・学び方の例	学び方
意欲の持ち方： ・活動内容の自己決定，自己選択 ・活動内容の必要性と本人の役割についての理解 ・学習する意味づけ（〜に役立つ，目的を考える） ・過去に経験してきたこと，少し手順を変えることでできること（〜ができたからこれもできる，君ならできる） 　活動内容の理解（できること，できそうなこと，興味関心のあるもの）	○適度に興味のある教材を用いた学習とすることで意欲的に取り組む。興味が強すぎる教材であると学習が成り立たなくなる場合もある。 ○学習方法が簡潔であること。 ○教材，課題が初めてのものではないこと。経験のあること。
興味関心： 　文字チップ，乗り物，音楽，アニメ・キャラクター，ロゴ，芸能人，食べ物等	○新幹線，電車，駅等特定のものとその単語（平仮名・片仮名・漢字）文字チップ ○特定のお店のロゴ。文字。
環境： ・情報量が少なく整理された状況（国語・算	○来客等，通常と異なる雰囲気だと予告の有無にかかわらず不安定に

4 「学び方」の観点や授業評価の観点を活用したRP法に基づく授業づくり

数） ・友達の様子が確認できることで安心 ・周囲に友達がいても気にならない	なりがち。学級の友達や担任は気にならないようである。 ○気になる物や気に入った物が視界に入ると学習に集中することは難しい。
手掛かり： ・教師や友達の動きや書いたり制作したりしたものを模倣 ・教師の示範 ・完成した物 ・写真や絵，文字等，視覚的に捉えられるもの ・音声言語（キーワード，単語，説明等）	○写真カードが主な手掛かりとなっているが，初めて経験することなどは，写真カードよりも具体物が効果的である。 ○動きを伴うものについては，教師が手を添えて一緒にやることで理解できることが多い。
見通しの持ち方： ・スケジュールの確認（順序数，単語，文章，写真，実物等） ・タイムタイマー，タイマー，時計等で活動時間の確認 ・プリントの枚数，教材・教具（実物）の数，バケツ一杯分の草むしり，磁石による回数表示等，活動量の確認	○写真カードによる予定の確認で見通しが持てることが多い。理解しているもじであれば文字を見て見通しを持つこともできる。 ○タイムタイマーで見通しを持つことができる。 ○クリップを外しながら残りの回数をとらえて活動することができる。
学習の進め方： ・書くこと，作ること等，手指を使った細かい操作は苦手 ・見たり，聞いたり，質問に答えたりしながら学習 ・実際に体を動かしたり，物を作ったりしながら学習 ・同じ活動（流れ・状況を統一）を繰り返し行うことで学習	○苦手なことやできないものが課題として提示されると，不安定になってしまうことがある。 ○わかる課題であると，自信を持って数多くこなすことができる。
"ことば"： 　音声言語，文字，写真，絵，身振り，VOCA等	○自分の要求でもっとも多く用いているのが短い（単語）音声言語である。 ○音声言語で言い表せない場合は教師の腕を引いて現場に連れて行く。 ・指さしで欲しい物をさすことも多い。
その他，把握しておきたいこと： ・1つの課題の持続時間 ・活動経験の有無	

(2) 本校中学部の授業づくりの流れ

　本校中学部において，研究授業に関しては，授業づくりを週1回程度実施する中学部研究会を中心に，以下のような流れで検討を繰り返しながら実施した。

　また，授業検討においては，RP法を参考に，授業の事実に基づき，授業目標の適切さと目標達成の手段の妥当性を検討しながら，授業の意図を実現できるように話し合いを進めた。

① 授業の構想
○目的
- 生徒の実態と授業内容との整合性を確かめる。
- 単元（題材）の計画の立て方について検討する。

○内容
- 授業者より，「生徒の実態（授業内容,「学び方」に基づいたもの），思い」「教師の考え」「授業内容」「ねらい」「生活との関連」「授業の方向性」「検討すべき事項」などについて，整理した資料をもとに説明する。
- 質疑応答や内容の検討を行う。

② 授業案・授業VTR検討（必要に応じて繰り返し実施）
○目的
- 「単元（題材）設定の理由」,「単元（題材）の計画」を中心に生徒の実態と授業における課題設定が合っているか確かめる。
- 授業の修正・改善を目的とした研究協議を実施し，今後の授業づくりの方向性を明確にする。

○内容
- 授業案を読み合わせ，内容を検討する。
- 授業VTR視聴による研究協議（グループ協議形式）を行う。
　ⅰ．授業案やVTRを見て，対象生徒の実態や課題，題材の計画につ

4 「学び方」の観点や授業評価の観点を活用したRP法に基づく授業づくり

授業の構想（例）

生活単元学習「○○へ行こう～ハンドブックを活用した校外学習」

対象生徒：中学部2,3学年9名

授業内容に関する生徒の実態

〈学校〉
校外学習はこれまでに何度か行っているが，行事等単発的なものが多く，学習内容の中で定着しないものがある。

〈生徒の思い〉
校外学習では，戸惑う姿もあるが，生き生きとしている。もっといろんなことがしたい，自分でやってみたいという思いを持っているのではないか。

〈家庭生活との関連〉
外出には不安がある。一人でさせてみたいことはあるが，家庭ではなかなかできない。また，本人の思いが家族に伝わらない。

〈教師の思い〉
校外での体験をたくさんして自信を持たせ，もっと主体的に活動できるようにしたい。

授業内容，方向性，検討事項

〈ハンドブック〉
校外の活動で見通しが持てるためのツールとして，日程や活動内容をまとめる「ハンドブック」を作成してはどうか。
家庭での活用も視野に入れて作成することで，生徒が自ら活用できるツールの1つとなるのではないか。

（学習の積み重ね／授業の修正・改善）

〈学び方の違い〉
生徒の学び方の違いに焦点を当て，学び方に応じたグループ編成，授業展開をしていけば，生徒にとって，よりわかる学習となるのではないか。

〈グループ編成の上で活用する学び方の観点〉
・手掛かり　　・学習の進め方
・"ことば"　　・その他（家庭）

授業の評価，修正・改善を図りながら，学習を積み重ねていけば，生徒がハンドブックを活用して主体的に活動できるようになり，校外での活動に自信を持てるようになるのではないか。
また，ハンドブックを家庭でも活用することができるようになれば，今まで以上に，自分の行きたい場所や欲しい物などを家族とやりとりすることができるのではないか。

いて検討する。
　ⅱ．生徒の実態について整理する（教科に関する実態，「学び方」に関する実態）。
　ⅲ．教材教具は生徒の課題をとらえたものになっているか検討する。
　ⅳ．学習の進め方や状況設定について，「学び方」の実態に合ったものになっているか検討する。

③　事前研究会
○目的
・授業の修正・改善を目的とした授業研究会を実施し，今後の授業づくりの方向性を明確にする。
○内容
・校内教師を対象に，参観授業を実施する。
・「グループ協議形式」による研究協議を実施し，よかった点や具体的な改善策について話し合う。
・外部講師による指導助言をいただく。
・学部内反省会にて，授業改善点を検討する。
　ⅰ．研究協議での反省は踏まえられているか検討する。
　ⅱ．題材の計画，本時の目標，課題設定，教材教具等は，生徒の実態に合っているか検討する。

④　授業研究会（学校公開／実践研修会）
　校内外の教師を対象に，参観授業や研究協議を実施する。目的や内容は③の事前研究会に準ずるが，研究協議の形式は，参観者の規模や協議の目的に応じて，ポスター発表形式とグループ協議形式を使い分ける。

(3)　「学び方」の観点を活用した授業づくり

　授業の構想や，授業案・授業VTRの検討においては，「学び方」の実態について確認を行ったり，学習の進め方，状況設定，教材教具が生

徒の「学び方」の実態に合ったものになっているかを視点として協議したりすることで、授業づくりの手掛かりとして「学び方」の観点を活用することができた。以下には、「学び方」の観点を授業づくりに生かした事例を挙げる。

① 事例　生活単元学習「○○へ行こう」
　　　　　　　　　　　　～ハンドブックを活用した校外学習～

　本事例は、生徒一人一人に必要な情報等をまとめる教材としてハンドブックを作成することにより、校外学習で活動内容を確認したり、教師やお店の人に写真や音声言語で買う物や行きたい場所を伝えたりするツールとしてハンドブックを活用し、校外学習において生徒が主体的に活動できることを目指した授業である。

　学習活動は、「計画」「出かける」「振り返り」で構成され、これらを繰り返しながら展開した。

「計画」(1時間) ○ハンドブックに予定や買う物、やることなどを整理する。 ○外出先でやることを、ビデオを見たり、実際に動いてみたりして確認する。	→	「出かける」 ○計画に沿ってハンドブックなどを手掛かりに活動をする。	→	「振り返り」(1時間) ○校外学習の様子をビデオで振り返る。 ○写真や文字で活動したことを整理する。

　「計画」「振り返り」の学習については、「学び方」の観点の「手掛かり」「"ことば"」を基に以下のようなA，Bの2つのグループを編成して学習を展開した。「出かける」の学習は、VTRで見られた生徒の様子を記録表に記入し、個別に必要な行動を観点化してハンドブックの作成に生かした。

〈Aグループ〉
　買い物の様子をビデオで見たり、過去の経験を自分で思い出したりして(「手掛かり」)、教師や友達との会話を通して(「"ことば"」)自分達の言葉で活動内容等を整理し、キーワードを記述しながら計画を立てるグループ。

○教材
　ハンドブックについては，生徒それぞれが必要な情報を自分で書いて整理することができるものを準備する。
○展開
　前回上手にできた場面や自分が困った場面をビデオで振り返ることにより，次回の学習のねらいを自分なりに持てるようにする。
○かかわり
　欲しいものを決める時間やハンドブックに整理する時間を十分確保し，生徒が何でつまずいているのかをよく見極めながらタイミング良くかかわることで，自分で解決しようとする姿を見守るようにする。

〈Bグループ〉
　教師が過去の経験からいくつかの選択肢を整理して提示したり，興味のあるものを予想して提示したりすることによって（「手掛かり」），やりとりを通して自分の思いを身振りやカードの選択等で伝えながら（「"ことば"」）活動内容等を整理し，計画を立てるグループ。
○教材
　教師とやりとりしながら使えるものを準備する。
○展開
　やることがわかるように，実物や手順表を使いながら，操作的な活動を取り入れる。また，同じ流れの学習活動を繰り返して行う。
○かかわり
　実物と写真カード等を対応できるようにしながら，写真カード等の視覚的な教材を手掛かりとしたり，共有した言葉でやりとりをしたりする。その際は，生徒の表情や指差しなどから思いや願いを読み取りながら，ていねいなかかわりをする

　本事例では，生徒一人一人の「学び方」を踏まえたグループ編成を行って授業を展開することにより，それぞれに合った状況設定ができ，教材，学習の展開，かかわりなどにおいて支援方法を具体化することができた。また，生徒に必要な配慮事項や支援方法をTT間で共有することができた。

(4) 授業評価の観点を活用した授業研究会

本校では，30名程度の規模の教師集団において，一人一人の教師からより多くの授業修正・改善の視点を得ることや，より効果的・効率的に協議を実施することを目的に，グループ協議形式の研究協議を校内での共通の方法として取り上げ，その持ち方を検討している。

① グループ協議形式の概要

参観者は決められた5, 6名程度のグループにわかれ，授業評価の観点に基づいてよかった点や，改善点・課題点・疑問点を出し合い，意見を集約して発表する方法である。少人数での話し合いであること，観点が明確であること，付せん紙に意見を記入してワークシートにはり出して協議を進めることから，参観者全員が意見を出しやすく，主体的に参加することができる。

② グループ協議の流れ

参観者は事前に授業評価の観点に基づいて授業案を読み取り，授業参観を行う。授業の事実をメモし，色別の付せん紙（良かった点は赤色，改善点・課題点・疑問点は黄色）に意見を記入して，研究協議に持ち寄る。グループ協議は，以下の流れで20〜30分程度の時間を取り，以下のような流れで実施する。

○グループ協議
ⅰ．発表内容をまとめるため，発表者を選出する。

グループ協議ワークシート（例）

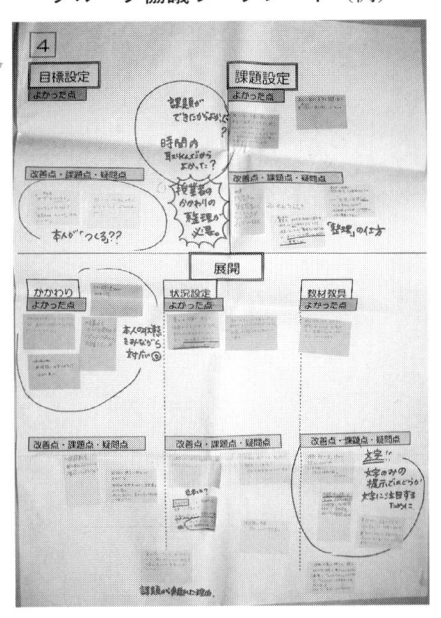

ⅱ．記入した付せん紙を観点ごとにワークシートにはる。よかった点や課題点等は，各観点の中で分けて整理する。記入した付せん紙を観点ごとにワークシートにはる。

ⅲ．どの観点を中心に授業改善に向けた協議を進めるのか，観点を絞り込む。

ⅳ．協議する観点について，記入した付せん紙について説明しながら話し合う。

授業評価の観点（例）

領域・教科名	国語・算数
題材名	カードをつくろう ―Ａの生活に必要な単語における音声・文字・写真の対応状況を確認し，整理する学習―
評価	●写真カードに対応する文字カードを取ることができたか。

以下の３つの事項についての授業評価の観点をもとに，
　良かった点は《赤色》　改善点・課題点・疑問点は《黄色》　の付せん紙に，記入してください。

事項	評 価 観 点
目標設定	・評価しやすい具体的な目標であったか。 ・児童生徒にとって達成可能な目標であったか。 ・単元の目標を達成できる指導計画が立案されていたか。
展開	〈状況設定〉 ・指導目標に沿って意図した状況設定になっていたか。 　（学習の場，机，いす，道具，材料などの設置場所等） ・学習の流れに見通しを持てる，わかりやすい状況になっていたか。 ・児童生徒が選択したり，思考・判断したりできる状況が設定されていたか。 〈かかわり〉 ・児童生徒の実態に応じて適切な言葉かけやかかわりができたか。 ・児童生徒との距離や支援の量は適当であったか。 ・児童生徒が十分に思考・判断を行えるように，タイミングよく支援していたか。 〈教材教具〉 ・興味関心や扱いやすさに配慮した教具。教材だったか。 ・目標の達成に適した教材教具だったか。

ⅴ．授業のよかった点，改善すべき点と具体的な改善方法について協議をし，ワークシートに書き込む。
ⅵ．発表内容をまとめる。
※あらかじめ，授業研究会を主催した学部が各グループに進行担当者を置く。
※授業者や指導助言者は各グループを巡回する。疑問点については，授業者を交えて話し合う。
○各グループからの発表
　各グループで話し合った内容をまとめ，授業のよかった点や授業改善に向けての具体的な方法について発表する。（各グループ2分）
○授業者の考察
　発表を受けて，今後の授業改善への見通しを述べる。

③ 事例　国語・数学「カードをつくろう」
　　～Ａの生活に必要な単語における音声・文字・写真の対応状況を確認し，整理する学習～

　本事例は，音声・文字・ものや活動を表す写真について対応させる学習を通し，Ａの生活の中にある単語を整理しながら写真と文字をカードとしてまとめ，他者とのコミュニケーションにつなげていくことを目的とした授業である。

　研究授業においては，写真と文字カードの対応を学習活動として取り上げ，「写真カードを見て，対応する文字カードを取ることができる」ことを目標に授業を実施した。

　学習手続きは，以下の流れで6試行程度実施した。
　ⅰ．写真カードを見る。
　ⅱ．選択項から文字カードを選ぶ。
　ⅲ．文字カードを裏返し，写真を並べて照らし合わせ，正誤の確認をする。

ⅳ．終わった課題のカードを終了ボックスに入れる。
　ⅴ．課題数を示したボードから番号のカードを取り，終了ボックスに入れる。
○授業研究会による授業の修正・改善
　授業実施後，グループ協議形式による研究協議を実施した。その結果，各授業評価の観点において以下のような意見が出された。
〈展開・状況設定〉
　「教師が提示する見本項の提示の仕方が課題ごとに異なり，学習手続きが統一されていない。」（授業における事実）
〈課題設定〉
　「取り扱った文字は漢字，平仮名，片仮名が入り混じっていた。漢字はＡが理解していると推測されるものを用いているが，漢字の課題でつまずき，先にカードを裏返して正解を確認しようとしていた。教師の課題提示が異なっていたことにも影響したのではないか。」（事実の分析）
〈課題設定〉〈展開・教材教具〉
　「手掛かりとして，漢字の文字カードに平仮名を入れてはどうか。」
　「文字入り写真と文字との対応を十分に行ってはどうか。」
　　　　　　　　　　　　　　　　　　　　　　　　（建設的提案）
　以上のグループ協議の結果を基に，次の点を修正・改善した。
　・題材の計画において，文字入り写真と文字との対応学習の時間をこれまでより２時間多くする。
　・文字カードは平仮名を用いる。
　授業修正・改善の結果，Ａが先にカードを裏返して正解を確認しようとすることはなくなり，Ａの理解度に合った学習活動を展開できるようになった。また，Ａの行動が落ち着くことで，教師がＡに対応しようと過剰な支援をすることがなくなり，学習の手続きを統一して行うことができるようになった。

(5) まとめ

　「学び方」の観点の活用は、教師間で共有することにより、授業づくりにおいてグループ編成や状況設定を整えたり、学習の進め方、やりとり、教材教具などの支援を具体化したりする上で成果があった。特にTTにおける授業者間で、同じ視点を持って授業を振り返り、修正・改善を進めていく上では活用が期待できるものと考える。

　また、授業評価の観点を活用した授業研究会は、授業案を読み込み、授業を参観する上での視点を共有し、授業目標の達成のための授業改善を目的とした協議を行う上で効果的だと考える。さらに、グループ協議を用いることで、集団の中で授業を見る視点や授業づくりの力を身に付ける研修としての成果も期待できる。

　これらの観点を日々活用し、授業づくりに一層役立てられるよう、質の向上を目指した修正・改善を積み重ねていくことが必要と考える。

〈文献〉
・福島大学附属特別支援学校（2009）『アセスメントを生かした個のニーズに応える授業づくり―「個別の教育支援計画」・「個別の指導計画」の活用―』研究紀要第31号
・太田正己（2007）『特別支援教育の授業研究法』黎明書房。

（冨田　篤）

5　RP法を活用した初任教員指導

　平成21年度，本校中学部に2名の初任教員が赴任した。準ずる教育課程で技術・家庭科の家庭科を受け持つ筆者は，本校に赴任して2年目にして技術科の校内指導教員として後輩の指導にあたることとなった。初めての指導教員，自分自身の視覚障害の特別支援学校での経験の浅さ，そして，学習指導要領での目標は同じであっても授業内容が異なる技術科の指導ということから，一抹の不安を持ちながらのスタートであった。

　筆者の前任校は知的障害の特別支援学校で，研究部員として太田正己教授をアドバイザーに迎え，授業改善推進を行った経験がある。この経験を生かし，初任教員とともに授業改善を目指し，筆者自身も視覚障害教育の力量を向上させたいと思う。

(1)　初任教員研修の概要

　広島県教育委員会の方針に基づき，初任教員研修は，拠点校指導教員が配置されている学校においては，拠点校指導教員が研修の計画を立案し，研修全体を把握する。そして，担当の校内指導教員が各初任教員に対し，特定の授業について年間60時間程度の授業参観と自らの示範授業を行うこととなっている。

　授業参観指導では，まず初任教員が「授業案（略案）」（以下，授業略案）を作成し，校内指導教員は，これをもとに授業を参観する。また，初任教員も同様の手順で校内指導教員の示範授業を参観する。そして，授業後に事後指導を行う。初任教員と校内指導教員によるミニ授業研修会である。このミニ授業研修会は，ほぼ毎週継続して行っている。

また，研修計画では，初任教員は年に1回の「授業案（細案）」を作成し，学部会で検討を行うことになっている。これは学部単位での授業案を用いた授業研修会となる。

「授業案（略案）」書式

○○学部○○学習指導略案

授業者　○○○○

1. 年組
2. 日時
3. 場所
4. 単元（題材・活動）
5. 本時の目標
6. 準備物
7. 学習指導過程

学習活動・児童生徒の活動 （対象児童生徒）	授業者の活動／支援 （対象授業者：T1，T2，T3……）
○	

8. 授業者反省

(2) 専門性の向上と継承

　広島県立広島中央特別支援学校は，視覚障害のある幼児児童生徒を対象とする県内唯一の学校である。特殊教育から特別支援教育へと移行し，特別支援学校となった現在は，視覚障害のある幼児児童生徒の支援校として県内全域にわたってセンター的役割を果たしている。しかし，教職員の異動のサイクルの早さにより視覚障害教育の専門性の継承と発展が大きな課題となっている。

　視覚障害教育の専門性については，特別支援学校学習指導要領解説（平成21年6月）第3編第2部第2章第2「視覚障害者である児童生徒に対する教育を行う特別支援学校」で示されている配慮事項を踏まえた教科指導が求められる。そのため研究部を中心とした専門的な知識に関する研修会を，新任，転任者を対象に年間を通じて実施している。

　授業研究は校内で重要な位置を占めており，校内研究授業，公開研究授業だけではなく，次のような取り組みが校内体制として整備され，教員間で専門性の継承・発展が図られている。

　1つは，授業略案を用いた「個人授業研究」を教員全員が実施する。事前に授業略案を各学部会等で検討し，意見交換し合い研究授業に臨む。もう1つは，「授業検討週間」である。年に2回設けられ，学部を超えて自由に授業を参観することができる。

　「個人授業研究」「授業検討週間」ともに参観する際には「コメントシート」により，設定された視点に沿って参観し，気づきや意見を授業者に伝える。

　よりよい授業をつくっていくためには，授業について批評し合う同僚性が育っていることが重要である（太田，2008）。このように本校では学校全体に「同僚性」が培われているといえる。

⑶ RP法を活用した初任教員研修

　太田（2004）は，教師の専門性の中核は授業をする，授業をつくる，授業を改善する力であると述べている。

　技術科の教員が，同じ特別支援学校に複数配置されることは少なく，中学校間で行われている教科研究会に，特別支援学校から参加する機会は限られている。また，技術・家庭科は実習を多く取り扱う教科であり，視覚障害教育の中で重要な位置づけである体験的な学習との関連が大きいといえる。

　授業づくりは，教材の選定，授業展開の工夫，発問の設定や教材教具の提示の仕方，知識や技術の習得方法の工夫，安全な実習の実施，生徒の様子への気づき，教科書の活用の仕方，板書計画（点字使用の生徒はノート計画）等，きめ細かな配慮が必要となる。

　初任教員には，視覚障害教育の専門性を身につけるとともに，授業改善の取り組みがよりよい授業へと変わっていくという充実感を味わってほしい。そして，さらなる授業改善への意欲につなげていってほしい。このような願いを持ちながら，RP法を用いて授業研究を行った。授業略案を用いた参観授業，示範授業，その後のミニ授業研修会から，その具体を次に述べていきたい。

① 対象となる生徒

　技術・家庭科は1年次，2年次ともに年間70時間あり，週2時間続きの授業を前期，後期に分けて，技術科または家庭科を履修する。初任教員の授業研究対象生徒は，前期は1年生女子2名，後期は2年生女子1名のいずれも点字使用の生徒である。校内指導教員の行う示範授業の対象生徒はその反対となる。

② 授業案の読み取り（Reading）

　毎週1回の授業研究の前に，初任教員，校内指導教員ともに自分の授

業について授業略案を作成し，参観し合う。授業後に授業略案を用いてミニ授業研修会を実施する。特別支援学校では，ティーム・ティーチングを行う際の打ち合わせのツールとして授業略案を作成する場合が多く，準ずる教育課程における教科の授業では作成するケースは多くない。

授業略案を作成するねらいとして，ａ．授業をイメージする，ｂ．本時のねらいを達成するためのメインとなる活動を明確にする，ｃ．そのための支援と手だてを明確にする，ｄ．評価の観点を明確にする，という点が挙げられる。

さらに授業略案は，ａ'．生徒の実態をいかに把握しているか，ｂ'．課題は何か，ｃ'．目標の設定は適切であるか，ｄ'．用いた教材は適切であるか，というような授業づくりに必要な要素を授業者が踏まえていることが必要であると考える。

初任教員（以下Ａ教諭）の授業略案の記述内容と実際の授業の様子をみていくと，記述が抽象的で，具体的にどのような指導をするのかと疑問に思う場合には，指導内容も曖昧な場合が多かった。そして，具体的に指導しようとする内容や支援，手だてが明確になっていると読み取ることができる場合には，具体的な手立てができていた。

技術科という教科の特性上，実習の授業では工具を用いる。使用上の注意点やその構造を理解させるための工夫が必要となる。そのため生徒の活動欄には「道具を確認する」，授業者の活動／支援の欄には「安全確認をする」という記述があり，どのように確認をするのだろうか，と思いながら授業を参観していると，道具を確認する場面では生徒が道具を触って道具の名称を答え，安全確認はＡ教諭が口頭で説明をして次の活動に移っていた。

道具の確認，安全の確認をするときに，道具を見て確認することが難しい生徒にとって，本時の活動にいくつの道具を使用するのか，数を伝えることも授業の見通しを持たせるために重要である。また，触察によ

り形や大きさ，重さを感じ，道具に使用されている素材を理解したり，形状から危険な箇所を察知したり，置き場所に注意するなど，得られた情報をもとに自分で安全に扱うための工夫を考えさせることができる。自分で気づくことが難しい場合には，ていねいに形状の説明をする，直接触れると危険な刃物などには，アルミホイルなどを被せて直接触れないような手だてが必要になる。

　一方，具体的な指導内容が明確になっている例として，のこぎりの構造を模型を用いて理解させるという活動があった。授業略案の生徒の活動欄には「切断のしくみを理解する」「縦，横引き刃の役割を知る」とあり，授業者の活動／支援の欄には「模型を触らせて，あさりがどのような構造になっているか理解させる」「木材を実際に切断させて，切断のしくみを理解させる」とあった。授業では，ダンボールを使ってのこぎりの刃の拡大模型を教材として準備してあり，生徒に模型を触ることを通して構造を理解させていた。その形状に驚きの声を上げる生徒や，感じたり考えたりしたことがどんどん声となって表れている様子がみられた。

　より具体的な記述にすることで授業者が指導内容や支援，手だてを明確にして授業に臨むことができ，参観者にもそのことが伝わる。

③　参観（Observation）

　参観する際にはいくつかの視点を持って参観に臨んだ。それは授業略案の記述と実際の授業との比較，視覚障害者である生徒に対する支援方法として教材の工夫や教師の対応，教師の発問に対する生徒の様子，前時に比べて改善されたと思われる箇所などである。

　生徒が教材を手に取ったり触ってみたりする場合に，机の上に何があり，対象となるものがどこにあるのか，どこを持てばよいのかという情報を伝える必要がある。

　授業を参観していて特に気になったことは，A教諭が生徒の手を取っ

てその場所に誘導してしまうことである。生徒はA教諭の誘導により，いつも安全に活動することができるという受け身の姿勢になっていると感じた。技術科の目標にある「安全に工具を使うことができるようになる」というねらいを達成させるためには，生徒自身が主体的にかかわり自分で考え行動する，自分なりに工夫する姿勢を育てる必要がある。

　視覚障害者である生徒が活動を理解して主体的に行動するために，教師は指示語を使わず，生徒がイメージしやすいように方向を示す言葉を吟味したり，わかりやすい言葉を使って説明したりする必要がある。例えば，生徒の右側にあるものは何cmぐらい右にあるとか，時計の文字盤の位置でいうと何時の方向（2時，4時など）か適切に指示する。また，道具の全体像をつかみ取らせるとともに，道具の名称だけではなくその部位の名称も知らせ，部位の名称を表現して持つ場所を伝える。

　生徒一人一人の実態に合わせて生徒の主体的な行動を引き出すためにわかりやすく伝える。このことは特別支援教育にとって非常に重要なことであるが，授業者が主観的には気づきにくい事柄ではないだろうか。参観を通して気づいたことをA教諭にミニ授業研修会で伝えたり示範授業で押さえたりしたところ，改善がみられ，できるだけ言葉でわかりやすく伝えようとする姿がみられた。

④　メモ（Memorandum）

　授業参観，示範授業後に行うミニ授業研修会では，ポイントを絞った具体的な内容で話を進めていく。そのため，授業の様子は項目を絞って記録するよう心がけた。初任教員研修の初めの頃は，参観者がいることを意識するあまり授業を展開することに意識が向きがちで，生徒の様子（つぶやきや細かな表情）を読み取る余裕がA教諭，筆者ともになかったように思う。できるだけ生徒の様子を記録し，伝えるようにした。

　前述したように，本校では必ず一度は個人授業研究を行い，事前に各学部で授業略案検討を行う。あるとき，教師による発問について話し合

う機会があった。授業のねらいを達成するためには，あらかじめ用意した発問によって気づかせる，考えさせるということが大切である。この学部検討で，筆者自身にねらいを達成させるための発問という視点に対する意識が欠けていることに気づくことができた。そこであらためて「発問」に注目し，発問による教師の働きかけとそのことに対する生徒の様子を「事実」として記録を取ることにした。

　対象の生徒が1名の場合，A教諭の発問に対して生徒がすぐに答えられないと，A教諭が即座に答えを出してしまう傾向にあった。生徒の実態として，自分の考えをていねいに言葉で説明する力に課題があり，できるだけ発問に対して自分の考えをまとめ，発言を促したい場面である。発問の意図がわかりにくかったり，答えることが難しかったりする場合はそれをA教諭に伝える，というコミュニケーション力も育てたい。

　また，生徒が複数いる授業で，ある生徒が疑問や気づきを小さな声でつぶやいていた。中には授業の目標に大きくかかわるものもあった。質問の時間を設けたり，適切に発問を行い，一人の意見を全体のものとして取り上げることなどをA教諭とともに話し合った。

　このミニ授業研修会の後，A教諭の発問に対して生徒が答えに窮する場面があった。そこでは約30秒間の沈黙があり，生徒の様子をじっとみて答えを待ち，答えられない時の対応方法を生徒に伝えるA教諭の姿があった。

　授業中の発問や生徒の様子を細かくメモすることで，新たな発見が多くあり，授業改善に役立てることができた。

⑤　分析（Analysis）

　「支援をする」という言葉をどのように捉えるか。筆者自身も具体的な言葉として表したことがなかったが，授業略案と実際の授業の様子を参観していく中で明確にしておくべきであると感じた。

その理由として，授業略案の中に，生徒の活動に難しさが生じたときは「支援を行う」という記述が何度かあり，授業ではA教諭が「代わって行う」ことを意味していたからである。だからといって，A教諭が視覚障害者である生徒にとって適切な支援と手立てを行っていないというわけではない。見本を示し，それに基づいて同様の作業をすることが難しい生徒に対し，作業の全体像を理解させるために，ａ．手軽に体験できる材料を用意して作業イメージをつかませる，ｂ．練習用の材料で体験させる，ｃ．実際の材料で製作を行う，という段階的な流れをつくることで視覚障害から生じる困難さに対する支援を行う等，様々な「支援」を行っている。A教諭の「支援」の捉え方と具体的な授業展開との関連性をみていくと「支援をする」という意図が「援助する」という限定されたものになっていたのである。「支援」とは，「力を貸して助けること」（旺文社「国語辞典」第8版）とある。しかし，特別支援教育における「支援」とは何を指すのであろうか。

　授業後のミニ授業研修会では，筆者自身の経験をもとに次の3点を示した。ａ．障害からくる困難さに対して手だてをすることで，生徒が主体的に活動できるようになること，ｂ．教師が生徒自身に考えたり気づいたりさせるためのきっかけを作ること，仕組むこと，ｃ．他者が援助すること。これは，あくまでも私見である。しかし，このことを意識することは，生徒が主体的な活動を行うための実態把握や教材教具の工夫，授業展開の工夫など，特別支援教育の授業づくりに必要不可欠なものであると考える。

⑥　語り（Narration）

　1年間の初任教員研修は，長時間にわたり緊張感を伴う研修である。ミニ授業研修会は，気になった点をできるだけコンパクトに，かつ意図が伝わるように，そして，また頑張ろうという気持ちが持てるような内容を盛り込むことを心がけた。加えて，筆者自身が参観授業，示範授業

から学んだことを伝えるように心がけた。

　参観授業は週2時間あるうちの1時間で，後の1時間はもっときさくな雰囲気で，雑談も交えながら生徒の様子をしっかり観察したりする余裕もあるのだろうと推測するが，参観授業ではほとんど雑談はみられなかった。

　あるとき，金属の板の強度を高めるための方法を学習する場面でA教諭が「余談だけれど……」と前置きをして，広島城主であった毛利元就を話題にし，わかりやすい補足を行っていた。生徒も興味を示して聞いていた。それまで，木材や金属を用いた製作活動を行ってきたが「ものづくり」を通して生徒に伝えたいことは何だろうか，という思いが筆者の中にあった。この授業の一場面は技術科の教員としてだけではなく，一社会人として見識を深め，豊かな心を持って生きていこうとするA教諭の人柄を表していると感じた。このことを伝えると，A教諭は「将来，生徒が県外に出たときに，自信を持って広島のことを語ってほしい」という願いを持っていると話してくれた。「ものづくり」を通して，A教諭自身の生き方や生徒への願いを伝え続けてほしいと思う。

(4)　初任教員研修を振り返って

　十分な準備を行ったにもかかわらず，うまくいかない授業もあれば，満足のいく授業を行えたと充実感を得られる授業もある。授業研究は，少しでもよい授業をしたいという教師の願いから行われるものである（太田，2004）。

　ほぼ毎週，年間約60時間という授業研究を行うという機会は，今後なかなか経験することはない。この初任教員研修を通して，うまくいかなかった授業を反省し授業をよくしていきたいという気持ちを持ち続けること，生徒から学ぼうとする姿勢が大切であることを再認識した。A教諭にとって充実した初任教員研修であったことを願いつつ，校内

指導教員としてともに学ぶ機会を持つことができたことに感謝の意を表したい。

(5) まとめとして

RP法は知的障害児教育の授業研究法として研究された手法である。本章は，視覚障害の特別支援学校の準ずる教育課程における初任教員研修の指導について述べたが，視覚障害者である生徒に対する実習を中心とした授業という点では大変有用な手法であった。

本校は，視覚障害と知的障害，肢体不自由を併せ有する，重複障害幼児児童生徒も在籍している。本校教職員に求められる専門性は多岐にわたり，幅広い知識と実践が求められる。今後も授業研究の一層の充実を図り，専門性の向上を目指していきたい。

〈文献〉
- 太田正己（2004）『特別支援教育のための授業力を高める方法』黎明書房。
- 太田正己（2008）『授業案作成と授業実践に役立つ特別支援学校の授業づくり基本用語集』黎明書房。
- 太田正己（2007）『特別支援教育の授業研究法』黎明書房。
- 香川邦生（1996）『視覚障害教育に携わる方のために』慶応義塾大学出版会。
- 川口数巳江（2008）「視覚特別支援学校の教員の専門性向上に関する研究」広島大学大学院教育学研究科特別支援教育学専攻修士論文。
- 文部科学省（2009）『特別支援学校学習指導要領解説（総則等編）』教育出版。

（岩井千鶴子）

6 RP法活用による授業参観のポイントづくり

　本校は，肢体不自由単独の特別支援学校として，隣接する施設および岡山市内をはじめ隣接する市町村より，140名あまりの児童生徒が通学している。肢体不自由単独校として歴史的にも古く，研究，実践に意欲的に取り組む学校風土があり，研究に関連させた授業公開が頻繁に行われ，授業に伴う話し合いも積極的に行われている。

　本校の教育課程は，該当学年の教育内容に準じた教育課程（Ⅰ類型），知的障害特別支援学校の教育内容に準じた教育課程（Ⅱ類型），自立活動を中心とした教育課程（Ⅲ類型）の3つの類型からなる。

　本実践では，RP法を活用して，小学部の自立活動を中心とした教育課程で学習を進める児童の授業づくりについて，授業参観のポイントづくりに関連させて考えていきたい。

(1) 指導案の記述・授業参観・授業反省から考えられた課題

　本校小学部のⅢ類型の多くの児童は，自分で姿勢変換を行うことが難しく，姿勢保持や姿勢変換に多くの支援が必要である。

　また，知的発達にも課題があり，認知やコミュニケーション面においても発達の初期段階にあり，肢体不自由と知的障害が重複する障害の重い児童たちである。

　本年度，本校に転勤して，Ⅲ類型の児童を対象とした研究授業を数多く見せてもらったが，指導案を読んだり，授業参観，授業反省会に参加したりするなかでいくつかの疑問が湧いた。ここでは認知，コミュニケーションに視点を当てた授業を取り上げて考えていくことにしたい。

① 指導案読み取り段階で気づいた課題

　障害の状態が重いということで，指導案に書かれた，題材（単元）目標，本時の目標が抽象的であり，具体的にどのような姿を求めているのかがわかりづらい。具体的に指導案の文末を取り上げると，「友達とのかかわりを楽しむことができる」「友達の活動に意識を向ける」「表情や発声でうれしいという気持ちを表す」「期待感を表情や発声で表現する」などの表現が数多く見られる。楽しむことができるとは，どのような姿が見られたときなのか，意識を向けるとは，どのような姿，動きが見られたときに意識が向けられたと考えるのか。個々の児童の認知や表出方法に違いがあるにもかかわらず指導案の個別目標には同じような目標表記がされていることが多く，授業者がその微妙なニュアンスを理解していても，授業に直接かかわっていない授業参観者には，そのニュアンスが理解できない。つまり，目標が具体化されていないことから，どのような行動，状態になったときに目標が達成されたといえるのかという評価基準が見えない。

② 授業参観段階で気づいた課題

　ある自立活動を中心とした教育課程（Ⅲ類型）の児童の授業を参観したときのことである。「コンコンコンでておいで」という絵本の読み聞かせを行ったあと，児童の前に大きな卵が登場してきた。その卵が割れた瞬間，中からきれいな光がでてきた。そのとき，A君は大きな口を開けて笑顔になった。松下らの指導案（2009）に示された目標は，「……表情や発声などで楽しさや自分の気持ちを自発的に表現する」となっていた。確かに笑顔で自発表現をしているが，教師の支援は，「近くで見たい？」「まだ見たい？」などと問いかけることで本人の気持ちを引き出すとなっていた。指導案から読み取ると，「近くで見たい？」「まだ見たい？」という教師の問いかけに，笑顔を表出したように私自身は思った。しかし，授業者は，卵が割れた瞬間にでてきた光を見たことによっ

て，楽しさを感じ笑顔になったと解釈した。このように，日々児童に接している授業者と実態を十分理解していない参観者の間には，A君の表出の捉え方で，明確なズレが生じてくる。授業を参観して，授業目標が抽象的なだけでなく，その評価基準の基本となる児童の実態が目標に関連して焦点化されることが必要ではないのかということに気づいた。指導案の題材（単元）の実態の中で，どのような場面の中で，笑顔という表出が多いのかが具体的に表記されていれば，笑顔という表出方法と教師の支援とを，もう少し客観的に結びつけてみることができたのではないのかと考えた。

③ 授業反省段階で気づいた課題

　授業反省会は，目標達成がどうであったかという観点に沿って，参観者が教師の支援等を論議していくが，指導案の読み取り，授業参観で取り上げた，授業目標の抽象化と評価基準の課題，目標に関連する実態の書き込みの課題から，反省会で取り上げられた具体的な児童の行動を取り上げても，授業者の児童理解と参観者の児童理解にズレがあり，目標達成，支援のあり方についての議論がかみ合わない。

　結果，授業後の反省会が印象評価に終わってしまう傾向にある。

　指導案の読み取り，授業参観，授業反省の問題点を連続的に見てみると，共通する課題は，授業目標が抽象的で評価基準が曖昧な点からくることがわかった。RP法の読み取りの段階の視点では，参観者は，児童の実態や具体的な評価等を読み取るといった項目がある。また，参観の段階では，授業目標を捉える，実態を把握する，教授行為を見るといった項目が設定されている。

　しかし，授業の基本となる指導案等に書き込まれているこれらの情報が曖昧では，参観者にとっては，指導案の読み取り，授業参観の段階で，児童と授業との関係を見にくい現状があると考えた。授業者，参観者が同じ方向で授業を見ていくためには，児童の実態把握，授業目標，評価

基準を具体化することが急務の課題と考えた。そして、この具体化こそが授業参観のポイントづくりとも言える。そこで次項では、授業参観のポイントづくりをも考えた授業改善例を取り上げることにする。

(2) 小学部○○グループの授業改善の取組

　小学部○○グループは、4，5，6年生のⅢ類型児童5名からなる発達課題別学習グループである。このグループの担当教員は、授業目標の抽象さや達成基準の曖昧さから、授業反省が個々個人の印象評価に終わる傾向を危惧し、授業改善に生かすことができる目標設定、評価基準を、児童一人一人の実態を担当教員集団で細かく検討し、明確化する必要性を強く感じるとともに、授業者側から参観のポイント提示することが、授業改善には不可欠と考えていた。

　授業目標が抽象的でわかりにくいという指摘は、肢体不自由特別支援学校の目標表記だけの問題でない。太田（2008）が、授業づくりの基本用語「授業目標」の項で取り上げているように、特別支援学校の課題ともいえる。本グループでは、教師集団の実態、課題、目標の共有化のためと、参観者への授業参観の具体的な視点の提示のために、授業目標の具体化と評価基準に焦点を絞り、複数の授業をビデオに撮り児童一人一人の表出方法およびその機能分析を行った。

① 表出方法の捉え方のズレとビデオ分析

　対象授業として、「みる・きく・つたえる」というコミュニケーション、認知に視点を当てた授業を取り上げ分析していくことにした。

　Ⅲ類型の児童の授業目標では、「気持ちを表情や発声で表すことができる」「働きかけに対して笑顔で答えることができる」など、感情表出を取り上げることが多い。しかし、授業を参観する者にとって、表情や発声で気持ちを表すといっても、その児童が日常場面や授業場面の中で、どのような状況の中で、どのような表出をしているのかがわからないと、

授業の一場面を切り取っただけでは評価しにくい。ここに授業者と授業参観者とのズレがある。このようなズレをなくしていくために，授業をビデオに撮り，児童の表出方法をグループ内の担当教員で検証する試みを行った。ビデオ分析では，児童の表出方法の種類，教師の働きかけと表出の関係の2点に絞って分析を行った。

○児童の表出方法の種類

児童が授業場面や日常生活場面で教材を介在した働きかけや教師の直接的な働きかけに対して，どのような受け止め方をして，その働きかけに対してどのような表出で返しているのかをビデオを見て話し合うことから始めた。A君という男児を取り上げ，表出のタイミングで「いま，○○先生が声をかけたから，視線が○○先生に向けて笑ったよ」「いまの笑いは，自分が呼ばれたことに対しての返事だよ」などと，それぞれが感じたことを事実と対応させていった。A君の表出方法は，笑顔を中心に，発声等があることを教師相互で再認識することができた。

○表出方法の機能解釈におけるズレ

ビデオ分析の結果，笑顔，発声という表出方法があるということに関して共通確認をすることができたが，表出の機能に関しては，それぞれの捉えに若干のズレが見られた。ビデオを見ながらの意見交換では，どの教師も児童の表出行動を，直前の教師の働きかけや直後の児童の行動から意味づけをしていることがわかった。しかし，このようなとき，常時担当している教員が，行動の機能を説明すると周りが納得してしまうことがある。例えば，A君を膝に抱えながら揺れを楽しんでいて，動きをとめたとき，A君が大きく口を開けて笑ったとする。そのようなとき，「今の笑顔は，もう一度したいという要求の意味がある」と発言すると，「いや，単に快の気持ちを表出した」のではと思いながらも，言語化することができず自分の考え方のトーンを下げてしまうことがある。もし，この捉えが間違っていたとすると，指導案の児童の実態表記

や目標設定に大きく影響をおよぼす。笑顔の持つ機能の解釈を行う場合，各々の教師は，授業で見られた行動のみから解釈するのではなく，日常生活や，他の授業場面で見られた行動から総合化させて意味づけの試みを行っている。しかし，それらの情報共有が相互に行われていないと，共通化した捉えは困難になる。

② 表出方法の意味が見えてきた機能分析

そこで次に，機能の捉え方が偏らないように，それぞれが，どのような場面でどのような表出をし，その機能を個々の教師がどのように解釈をしているのかを，KJ法を使って分類した。そして，その結果を長崎（1988）の「対人・伝達行動」の領域区分と対比させたものが表1である。A君の表出は，大きく「笑顔」「険しい顔」「発声」の3つに分けることができた。また，笑顔，発声に関しては，機能が単一でなく複数の機能を持つことがわかり，わずかながらも笑顔，発声の中に快表現でない要求表現があることもわかった。

表1　A君の表出方法とその機能について

A君の表出方法	表出の機能	表出の代表的な場面	3領域との関連
笑　顔	快表現 （きもちいい）	・揺らし等からだへの接触 ・音，光あそび等	情動系
	返答表現 （こたえたい）	・教師からのことばがけのあと	相互伝達系
	要求表現 （〜してほしい）	・くすぐりあそびのあと等	要求伝達系
険しい顔	不快表現 （いやだ，やめて）	・つめたい，どろどろの感触のものに触れたとき等	情動系
発　声	快表現 キャー （おもしろい）	・光あそび等	情動系
	返答表現 （こたえたい）	・教師からのことばがけのあと	相互伝達系
	要求表現 フゥ〜ン （〜してほしい）	・くすぐりあそびのあと等	要求伝達系

③ 授業参観者がわかる授業目標の設定と目標にかかわる実態の明確化

次に表出方法の種類と機能分類を参考にしながら，授業目標の具体化と評価基準となる児童の実態表記の具体化を図る検討を行った。検討に関しては，通常とは逆で目標を修正したあと，目標の背景を理解してもらうために必要な実態の表記について考えていくことにした。

○授業目標の具体化

機能分類をしたあと，前述した「コンコンコンでておいで」の本時案に書かれた授業目標を教師集団で具体化を図る話し合いを行った。

「コンコンコンでておいで」の本時案に書かれた当初の目標と改善後の目標は以下のとおりである。下線の部分が具体化した部分である。

（前）卵になったり，トントントンとたたいたりすることで，<u>お話に気持ちを向ける</u>。
（後）教師と一緒に卵をトントントンとたたくことで，視線を卵に向けることができる。
＊お話に気持ちを向けるという表記が抽象的で，A君の実態からすると対象物となる卵にしっかりと視線を向けることが，ここでいうお話に気持ちを向けることと考え目標を変更した。
（前）光る場面や暗くなる場面で，<u>表情や発声でうれしい気持ちを表す</u>。
（後）光る場面や暗くなる場面で，<u>うれしい気持ちを笑顔やキャーという発声で表すことができる</u>。
＊この目標は，表出の機能分析から求める表出方法との機能を具体化させていった。当初の目標では，表情，発声と表記されていたが，A君に求める姿は，おもしろいという快の笑顔やキャーという発声ということが話し合いの中で明確になり目標を変更した。
（前）「もっと見せて」という<u>気持ちを表情や発声で表現する</u>。
（後）笑顔や「フゥ～ン」という発声で「もっと見せて」と要求することができる。
＊ここでいう「もっと見せて」という気持ちとは，表出の機能分析表から考えると，要求であり，A君の要求表出方法は笑顔と「フゥ～ン」という発声があり，表出の方法も具体化した。

目標の修正はことばあそびと揶揄されることがあるが，具体的な事実によりわずかであるが修正し具体化することは，情報源の少ない参観者にとって，授業者の意図に迫る上でも必要なことと考えた。

○目標にかかわる実態の具体化

当初の目標にかかわるA君の実態は，「音楽や人の好きで，気に入った曲や聞き覚えのある声を聴くと視線をやったり，声を出したりして気持ちを表す」となっていたが，目標の背景を理解するにはあまりにも抽象的な表記であった。実態は，参観者にとって目標を理解する上で，重要なものである。しかし，紙面が限られており，通常は，必要最低限な情報が表記されているのみである。

A君の気持ちや思いを表出することが本時の目標と考えると，①表出にどのような方法があって，その表出はどのような場面で，どのような前後の状況で起きるのか。②その前後の状況や頻度から考えて表出方法にはどのような機能があるのか。A君の機能分析表に書かれた内容をベースにし，少なくともこの2点が学習指導案の中に表記されていないと，参観者は目標を理解することができないし，目標と支援を関連させながら本時案を見ていくことはできない。

(3) 授業者の意図が見えてくる授業参観のポイント

この項では，授業者が具体化した授業目標，授業の実態を前提として，参観者がどのような視点で授業参観を行うのかということについて考えてみたい。太田（2007）は現職の教師60名の「授業参観の視点」および教育実習の手引き「授業参観の視点」を調査し，参観者が重要視している参観のポイントとして，教材・教具，子どもの活動，教育目標が上位項目であったとしている。肢体不自由特別支援学校に通学する障害の重い児童の授業参観においては，通常の授業以上に，教師の支援，児童の活動を目標達成に絡めて詳細に見ていくことが必要とされる。

① 児童の活動を見極める参観位置

　校内の研究授業や外部への公開授業になると参観者が多くなり，教室との関係から授業を見る位置が固定化される傾向にある。前述のA君の目標達成に絡めて参観位置を考えてみることにする。「コンコンコンでておいで」の目標は，卵に視線をしっかり向けること，うれしい気持ちをキャーという発声や笑顔で表すこと，「フゥ〜ン」という発声で「もっと見せて」要求することの3点をあげている。A君が卵に視線を向ける様子は，教室の後ろや横の位置から参観していたのでは，視線の細かな動きはとうてい把握することができない。また，笑顔や「キャー」という発声，「フゥ〜ン」という発声など，教師の働きかけに一瞬返してくる場合が多い。参観者と授業者，児童との距離が離れていれば，わずかに表出された発声などは聴き逃すことも多いし，ましてや教師の支援との関係でみることは難しくなる。しかし，実際の公開された授業を見てみると，教室後方から参観していることが多いことに驚かされる。参観者の位置によって，授業者や授業の主体である児童の行動を左右してしまうと問題であるが，一般的には教師がA君にどのように働きかけ，その働きかけに対してどのような行動で返しているかがわかる距離で参観することが望ましいといえる。また，姿勢を自分で保持しにくい児童が多い学習グループでは，児童が座位等の姿勢で授業を受けることが多く，立ったままで参観をすると，児童を上から見下ろして見ることになる。このような場合，わずかな視線の動き等を見落とすことが多いため，参観者は児童の目線に合わせた姿勢になり詳細に動きを見ていく必要がある。

② 目標達成にかかわる児童の行動と教師の支援の総合的な捉え

　授業参観を行う場合，目標と教師の支援，児童の動きの3つの関連をより明確にしていくために，私は，簡単なメモともいえるシートを指導案をベースにして，表2の「目標と教師の支援，児童の行動関連シート」

を個々の児童ごとに作成して,授業参観を行っている。この参観シートに授業目標,学習活動ごとの課題を明記し,目標と関連した児童の表出行動と教師とのやりとりがあれば即記入している。例えば,A君の「フゥ～ン」という要求の発声を課題とした場面であれば,どのような教師の働きかけで「フゥ～ン」という発声を引き出そうとしていたのか,それに対して,A君は「フゥ～ン」という発声で返したのかどうか。そうでないとしたらどのような行動をしたのかわかる範囲で黒ペンで記入し,目標と関連した支援には○,無意図的な支援には△を赤ペンで付けていった。

表2　目標と教師の支援,児童の行動関連シート

「コンコンコンでておいで」授業参観シート（A君）	
本時の目標 （A君）	・教師と一緒に卵をトントントン…… ・ ・
学習活動	A君の行動および教師の支援
1　はじめの会	・活動に対応した課題を枠内に表記しておく 　　A君の行動　　｜　　教師の支援
2　お話あそび 　　をする	 　　A君の行動　　｜　　教師の支援 ・課題に対応した児童の行動と教師の働きかけを記入 ・T1の差し出した卵に視線を向けて,「キャー」という。　｜　・左方向から声をかけながら「卵ここだよ」とことばかけする。 　　｜　・「卵おもしろいね。一緒に触ってみようよ」と正面から声をかける。

そして，授業後にはなるが，表出された笑顔，発声等を指導案の中に記入された児童の実態や話し合いの中で得られた情報を参考にして，表出の機能を明確にし，目標達成がどのように行われたのかを検討をしていった。このことにより，授業検討会で目標達成にからんで曖昧な発言や無責任な発言をすることが少なくなり，児童の事実に沿って授業批評ができるようになってきた。

(4) おわりに

本校のように障害の重い児童の教育に携わっている特別支援学校では，児童の表出方法や行動を教師が意味づけをしながら授業を進めていくことが多い。その場合，その行動の意味にわずかでも客観性を持たせるためには，集団で検討しながら授業を作り上げるしかない。その作業は，時間も労力もかかるが，授業者相互の実態の捉え，課題の捉え，授業目標の捉えにズレを狭め，授業者集団の中に一体感をもたらしていく。そして，その作業は授業参観のポイントづくりそのものとも言えることがわかった。

今日RP法を取り入れ授業改善を行ったことにより，授業検討に参加した教師が個による授業づくりから集団による授業づくりの必要性へと意識が大きく変化したことが最大の学びであったように思われる。

〈文献〉
・松下直生，北嶋裕子，古澤弘之，森神貴彦，小倉とく（2009）「コンコンコンでておいで」学習指導案，岡山県立岡山養護学校。
・太田正己（2008）『授業案作成と授業実践に役立つ特別支援学校の授業づくり基本用語集』黎明書房，pp.62-65。
・飯高京子，若葉陽子，長崎勤編（1988）「ことばの発達の障害とその指導」，『講座言語障害児の診断と指導（第2巻）』学苑社，pp.105-126。
・太田正己（2007）『特別支援教育の授業研究法』黎明書房，p.133。

（高橋章二）

7 RP法を中心にした授業の改善と協働性の高まり

　特別支援学校においてはティーム・ティーチングが一般的であり，本校においても，単独の教師で授業を行っているケースは少ない。そのため，授業の改善のためには，授業を担当する教師集団が日々の授業の振り返りをしっかりやっていく必要がある。しかし，これまで本校では，児童生徒個々の実態が大きく異なることや個々人の内面の状態などを重視する傾向が強く，授業を振り返る際の支障になっていた。また，教師間の共通理解の困難さや教育観の相違，関係性の難しさなどから，自然に教師間の軋轢を避けるようになった結果，自分たちの実践に対する振り返りが曖昧になり，具体的な授業改善につながっていないことが多かった。

　茨城県教育研修センター（2009）は報告書の中で，教師の協働的営為であるティーム・ティーチングによる授業改善には，授業のねらいや児童生徒の実態，教師の支援方法や役割が共通理解されること，役割分担が明確化することや共通理解を図るための時間を確保すること，短時間で情報交換，意見交換できる方法を検討することが必要であるとしている。

　授業を担当する教師集団が真摯に自分達の実践を振り返り，授業を改善していくといった教師の協働的な取り組み（協働性）を高めていくことが授業改善にとって不可欠な内容であると考える。

　また，山崎（1998）は，教師の力量形成に関して，個々の力量形成の努力とともに学校内外での教師間の実践経験と力量の交流などが必要であるとしている。

そこで，RP法に基づいて授業を評価することで，軋轢を心配せずに意見を出し合って話し合うことができ，具体的な授業改善に向けた意見を集約できると考える。また，教師集団が日々の授業実践をきちんと振り返ることで，教師間の実践経験や力量を高め，同時に教師集団の協働性が高まっていくことが期待できる。

1　授業研究会の中で RP 法を用いた授業評価の例

太田（2007）のRP法に基づき，①授業案を読み取る，②参観の視点を決める，③授業の事実をメモする，④授業の「事実」に基づいて分析する，⑤授業者の立場に立って意見を述べる，という約束を明確にして授業研究会を実施した。

授業研究会の中で，児童の実態，授業目標を中心に，授業の事実に照らして，なぜ，そのような行動（結果）が見られたかについて検討し，授業の良かった点と改善すべき点を明らかにしようとした。

(1)　授業の意図

この授業は，小学部5年生（6名）の生活単元学習で，児童の多くが感覚的な一人遊びを好み自分から活動を広げることが難しい児童が多いことから，いろいろな素材の感触や動きの楽しさに気づき，遊びに広がりや自分から取り組む姿勢を持たせたいと考え，表1に示す生活単元学習「ふわふわで遊ぼう」の学習を設定した。

この授業の授業研究会で得られた授業改善の気づきを，表2にまとめた。

表1　授業のおおよその流れ

1. 遊びの準備をする。
2. 風船ランドで遊ぼう。
   - 風船滑り台コーナー
   - 風船吐き出しマシンコーナー
   - 自由遊び
3. 風船みこしで遊ぼう。
4. 後かたづけをする。

表2　授業の中での気づき

〈授業の中の事実〉
- 風船を使った自由遊び，風船つくりコーナー，風船滑り台，風船吐き出しマシーンと自由遊びを土台として，遊びが広がった。
- 風船みこしでは，児童の遊びへ積極的に取り組んでいた。
- 風船みこしでは，児童の遊びへ積極的に取り組んでいた。
- 学習の準備やかたづけ自体に興味を持ち，主体的に取り組む児童がいた。

↓

〈評価〉
- 少しずつ教材を追加して活動を選べるようにしたことで，それぞれの児童が好きな遊びを見つけて楽しんだり，その時々によっていろいろな遊びを選んだりする姿が見られた。
- 教師や友達を意識しながら一緒に楽しめるようになった。
- 自由遊びよりも，遊び方の決まっている「風船みこし」を好んで楽しんだ児童もいた。
- 遊びの場面を設定してそれを繰り返しただけでは，活動を十分に楽しむことができなかった児童がいた。
- 教師がよりそいながら遊びに誘ったり，一緒に遊びを楽しんだりする中で，風船を使って遊ぶことができた。

↓

〈改善に向けた情報〉
- 児童の遊ぶ様子によって，教材を作成したり活動内容を改善したりすることで，児童が活動を発展させたり工夫したりできるようになったのはないか。
- 教材の工夫は，それぞれの児童の興味・関心への対応，学習に慣れるまでに必要な時間の確保，飽きやすさへの対応等，児童一人一人に効果的に応じることができた。
- 児童の実態差を考慮し，1時間の中で異なる活動内容を組み合わせることが効果的であった。
- 次何があるだろうという期待感が膨らみ，興味・関心を拡大するとともに，教師や友達を意識しながら一緒に楽しめるようになった。
- 遊びは子供が主体的に取り組むもので，その遊びの種類を広げたり発展させたりする際に教師の働きかけ（かかわり）が必要である。その仲立ちとなるのが教材であり，その工夫が大切と実感でき，教材研究の重要性をあらためて確認した。
- 「遊び」と「準備・かたづけ」を分けて考えるのではなく，遊びに含まれる自然な流れの中に準備やかたづけを位置づけて，きちんとした手立てを保障することで，児童の主体的な活動をより広げることができたのではないか。

(2) 授業研究会で得られた授業改善のための情報

　授業研究会の中で，授業改善のためにどんなことが必要なのか，授業の中の事実に基づいて話し合い，教師間で共通理解が得られたものを次に列記する。

　① 児童が自ら取り組むための状況を作る方策について
- 一定期間繰り返し活動すること。
- 児童の生活のテーマを考え，テーマに沿った活動を学習に発展させたことで，活動に対する見通しが持て，安心して参加できること。
- 毎日の授業を「簡単な制作→遊ぶ」といった同じ設定で学習することで，興味を持続させながら落ち着いて活動に取り組むことができること。
- 「遊び」と「準備・かたづけ」を分けて考えるのではなく，遊びに含まれる自然な流れの中に準備やかたづけを位置づけ，それを繰り返すことで，児童の主体的な活動をより広げることができること。
- 1時間の授業中で，自由遊びと遊び方の決まっている遊びなどの異なる活動内容を組み合わせることが効果的であること。

　② 教材・教具の工夫について
- 素材の感触を楽しむ，いろいろな道具を使って遊ぶなど子供それぞれが好きな方法を見つけることができる素材であること。
- 「光る・音がなる教材」を取り入れることで，興味を広げ，意欲を喚起できること。

　③ 活動（遊び）を発展させる方策について
- 授業の中では，工夫された場や教材によって遊びが広がったり発展したりすることが確認できたことから，遊びの種類を広げたり発展させたりする際には，教師の働きかけ（かかわり）が不可欠である。
- 教師の働きかけ（かかわり）は，言葉による指示や説明に加えて，場

の設定や教材の工夫も重要な要素になっている。

　以上のものが共通理解できたものである。これらは，これまでにもいろいろな報告の中でいわれてきたことであるが，自分たちの実践を通して確認する過程で個々の教師があらためて気づき，学ぶことができた。

(3) RP法の効果について

　授業研究会で得られた情報は，「こんな行動が見られたことから，それは○○によるのではないか」といった改善に結びつくような具体的な意見が大部分を占めた。

　これは，従来の授業研究会では見られなかったことであり，参加者は授業の工夫について具体的に学ぶことができた。

　また，話し合いのルールを守って授業研究会を進めることで，場の雰囲気が良くなり具体的な意見が多く出され，授業者だけでなく参加者全員が一緒に授業を改善しようとする雰囲気を感じた。

2　日常の授業でRP法を用いた授業評価の例

　この実践は，同じ授業に携わる複数の授業者が授業目標の適切さと目標達成の手だて等を検討することで，授業の良かった点と改善すべき点を明らかにするとともに，日常の振り返りを継続して行おうとするものである。

(1) 授業の意図

　小学部1学年では，学年全員（10名）で生活単元学習の合同学習「ららら」を行っている。「ららら」では，歌やダンス，手遊び，身体表現，ごっこ遊びなどの学習に取り組んでいる。

　入学当初は学級での学習が中心であるが，5月から学年合同の学習を

行い，児童が学習の場を共有しかかわり合うことで，互いによい刺激を受け合っている。活動を通して，学習意欲を高めながら，児童一人一人の力を伸ばすことができるよう取り組んでいる。

合同学習を始めた当初は，授業を計画，実践するにあたって，単元ごとに担当者を決めて計画，準備を進め，学年の教師全員（7名）で検討し，授業を行った。

しかし，授業の中で，児童が主体的に活動に取り組めない，教師間の連携（動き）がスムーズにいかないなどの課題があげられた。

授業の評価と教師の連携について見直したところ，毎授業の検証が曖昧だったということや児童の実態，個々のねらい，配慮点，教師の動きなどを確認することが必要だという意見が多くあげられた。

そこで，授業後に話し合いを持ち，教師間で児童への支援の手立てや具体的な働きかけの方法，役割を確認することができれば，教師が課題意識を持って，協働性の高い授業を進めることが可能になると考えた。

(2) 実践の様子

① 自由記述による授業評価

話し合いの資料にするため，学年合同学習「ららら」の毎授業後に，教師が気づいた点を自由に書ける用紙を準備した。記入した用紙をホワイトボードに貼り，教師間で読み合い，共通理解を図るようにした。

しかし，この方法では，授業改善に向けた情報の整理に時間がかかることがわかった。また，児童の個々の得られた情報も具体性に欠けることが多く意見交換が必要であったが，資料が具体性に欠けているため意見を出しづらい雰囲気になった。

その結果，授業改善に向けた具体的な意見をまとめることができなかった。授業者が授業の中で確認する観点を明らかにしておくことが必要であることがわかった。

② 確認する観点を明記した「ららら」シートによる授業評価

　自由記述による方法では，授業改善に向けた情報の整理に時間がかかり，授業中の児童個々に関する情報も具体性に欠けることが多く，授業改善に向けた意見を集約することができなかった。

　そこで，授業を正しく評価し，改善するためにRP法を基に，「児童の様子」「教師の動き」「教材・教具の状況」「次の授業の改善点（その他）」の項目で，評価表（らららシート）を作成した。

　また，記入に当たっては，情報の共有化を図る際に，なぜ，そうなったかわかるように，授業の中の事実と改善のための意見を「らららシート」（表3）に記入し，ホワイトボードに掲示して担当教師が自由に読めるようにした。

　また，日常の授業の中で「ららら」シートを使用するためには，シートの記入→シートに書かれた情報を基にした話し合い→共通理解→計画→実践というサイクルで，話し合いの時間を設ける必要があることもわかった。

表3　らららシート（大きさはB5判）

らららシート
児童の様子
教師の動き
教材・教具
次の授業の改善点（その他気づいた事項）
記入者名（　　　　　）

話し合いの時間は，①毎日実施できる，②全員が集まれる，③その日の児童の出欠を把握した上で話ができる，という条件を満たした時間（8:20〜8:30）に設けた。その日の授業のねらい，配慮事項，変更点について確認できるようにした。

また，個のねらいを達成するための学習活動，教師の働きかけや教材の活用の仕方などの手立てについて時間をかけて話し合うことも効果的であるため，月1回（金曜日16:00〜）1時間程度話し合いを持つようにした。授業の中の事実の記録とそれに基づく授業改善に必要な具体的な事項について話し合い，その結果を次の授業計画に生かすようにした。

③　「ららら」シートを使った授業評価の実際

授業後に教師集団が情報共有化のための観点を明確にして話し合い，授業の中の事実を確認し合い，その事実に基づいてねらいや内容など細かな部分について検討し，授業の改善点を明らかにしようとした。

学年合同生活単元学習「いもほりわっしょい」（表4）の授業について，「ららら」シートを使った授業改善の気づきの様子を，表5にまとめた。

表4　授業のおおよその流れ

1. はじまりのあいさつ
2. 大きな声で歌おう
   - 「みんながあつまった」「校歌」（2回）
3. みんなで歌おう
   - 「いもほりわっしょい」のパネルシアターを見る，「いもほりわっしょい」を歌う
4. ダンスをしよう
   - 「パワーたいそう」
5. おわりのあいさつ

授業者が授業の事実に基づいた話し合いを行った結果，授業の問題点を明確にして意見を出し合った結果，改善に向けた手だても，より具体的なものになっていることがわかった。

表5 「ららら」シートを使った気づきの様子

〈計画〉（ねらいの確認）
児童がパネル（教材）に注目する。
↓
〈実践〉※授業の中の事実
① はじめ何をしていいのかわからずに落ち着きがなくなる児童が多い。
② 教師(T1)に注目したくなるような声がけや教材の提示でパネルに注目する。
③ 側にいる教師の声がけや徐々にパネルに注目するようになった。
……（以下略）……
↓
〈評価〉※事実に基づく考察
① 児童が何をして良いかわからなかった。事前にねらいや内容になどもっと話し合えると良かった。
② 児童が期待していない活動をとった場合，側の教師がどんな対応をするか具体的（児童個々）に決めておく必要があった。
……（以下略）……
↓
〈具体的な改善点〉
① 授業前に打ち合わせを持ち，「パネルに注目する」という目標（ねらい）を確認した。
② 児童の注目を促すために，パネルの出し方を工夫する。
③ 児童の側にいる教師は個々の児童に「何が出てくるかな」と声がけをしたり，パネルが見やすいようにしたりするなどの支援の方法を具体化した。
　→（結果）次の授業では，児童一人一人が「パネルシアターを見る」ことができ，落ち着いて見ることができた。
……（以下略）……

3　RP法による授業改善と教師の協働性の高まり

　授業改善を試みた2つの実践を通して，RP法の効果と教師間の協働性の高まりを実感することができた。
① 授業を見る観点を統一したことで，授業の改善に向けた情報の収集がスムーズにできた。
② 授業中の児童の様子をよく見て記録し，その事実を基に教師集団が話し合うことで，問題点を共有化し改善点を明らかにできた。

③ 単に授業の良し悪しを決めるのではなく，授業改善に必要な具体的な手だてを考えるようになった。
④ 事実に基づいた話し合いを行う中で，みんなで考え，みんなが発言し，みんなで実践していこうとする意識の変化が感じられた。話し合いの中で得られたことを実践し，また，その実践を振り返るということを繰り返す中で，ともに学び合っていこうとする集団に変わっていくことが実感できた。

4 まとめ

この2つの実践で，授業改善のためには授業の意図を理解し，授業者の立場に立って話し合うことで，きちんとした授業評価を行い，授業改善に向けた具体的な意見をまとめることができた。授業研究会という場だけでなく，日常の授業を振り返る際にも，RP法が役立つことが確認できた。事実に基づいた話し合いを繰り返しても教師間の軋轢は見られず，むしろ，みんなで考え実践していこうとする雰囲気が高まり，教師間の協働性が高まったことも実感できた。特別支援学校の授業はティーム・ティーチングで行うことが一般的であり，授業の充実のためには教師間の協働性の高まりが不可欠で，その点からもRP法に基づいた授業評価は有効である。

〈文献〉
・茨城県教育研修センター特別支援教育課（2009）「特別支援教育における授業の実際と評価」（平成19・20年度），pp. 25-26。
・山崎準二（1994）「教師のライフコースと成長」，稲垣忠彦・久富善之編『日本の教師文化』東京大学出版会，pp. 223-247。
・太田正己（2007）『特別支援教育の授業研究法』黎明書房，pp. 204-220。

(梅津幸男)

8 RP法を活用した通常学級の授業改善のコンサルテーション
―特別支援コーディネーターの視点から―

　授業中に立ち歩く。「できない」といっておこりだす。授業のルールが守れない。通常学級に在籍する発達障害を持つ子どもの授業での困難さは顕著である。

　認知のアンバランスによる理解の困難さ，注意・集中が難しいことによる困難さ，他者理解やコミュニケーションの質的障害による困難さから始まり，それらから派生して，学習意欲の低下，自尊感情の低下といった，二次的な問題にまで発展しているケースも少なくない。

　小・中学校では，特別支援教育が本格実施され，支援体制が整ってきた。特別支援コーディネーターや，巡回相談員がリーダーシップを発揮し，チェックリストや検査等で発達障害を持つ子の特性を理解したり，配慮すべき点や有効な学習支援がわかったりしてきた。しかし，これらが授業の中で有効に機能しなかったり，授業中の様子に改善がみられなかったりすることが学校現場での悩みの種である。

　そこで，筆者が着目したのがRP法である。特別支援コーディネーターや巡回相談員等，通常学級担任を身近でサポートできる者がコンサルタントとなり，同僚性を生かして授業改善のコンサルテーションをするのである。授業者とコンサルタントが授業批評のプロセスを明確にして授業を振り返り，授業者の新たな気づきを生かし次の授業を計画するのである。子どもの障害・支援に目を向けるだけでなく，特別支援教育の視点を盛り込んだ授業をともに考えることで，教師の授業力の向上を目指したい。

(1) RP法を用いた特別支援教育のコンサルテーションのモデル

　本コンサルテーションは，授業改善を目指した通常学級担任に対する特別支援教育のコンサルテーションである。RP法とVTR再生法を活用し授業のコンサルテーションをすることで，授業者の気づきの力を伸ばし，実践的な知識や即興的な思考を高めることをねらう。

　コンサルタントには，特別支援コーディネーターや巡回相談員等，通常学級担任を身近でサポートでき，WISC-Ⅲ，K-ABCの検査結果が読みとれる者が望ましい。

　なお，筆者は太田氏のRP法をもとにコンサルテーションの事例研究を行い学校現場で活用しやすいようコンパクトな流れと内容にまとめた。

```
┌─────────────────────────────┐
│　コンサルテーション前の実態把握　│
│　・担任のニーズの把握　　　　　　│
│　・授業観察およびビデオ撮影（保護者の了解）│
└─────────────────────────────┘
              ↓
┌─────────────────────────────┐
│RP法・VTR再生法を用いてのコンサルテーション│
│　・第1段階　読み取り　　　　　　│
│　・第2段階　参観・分析　　　　　│
│　・第3段階　語り・授業計画　　　│
└─────────────────────────────┘
              ↓
┌─────────────────────────────┐
│　コンサルテーション後の実態把握　│
│　・授業のみとり　　　　　　　　　│
└─────────────────────────────┘
```

第1段階　読み取り

① 特別支援の必要な児童についての授業者の思いを共感的に聞き取り，授業場面で特に課題となる行動を確認する。

② 授業を振り返る直前に本時のねらいを確認する。授業者の意図を尊重し共通理解にとどめる。

③ 授業後に授業者が記入した「授業の振り返り」を読み，授業者の授業分析の視点を確認する。

④ 心理検査の結果を教科の特性・本時の授業との関連において読み取り，特別支援教育の視点で子どもを語る。

第2段階　参観・分析
① ビデオ撮影した授業を授業者とコンサルタントがともに見ながら振り返る。「授業者と参観者」といった立場から「ともに参観者」という同じ立場・目線になる。
② 5つの視点を表にしたカードをもとにして授業を振り返る。
③ ビデオで授業を見ながら，気づいたことを確認し合う。
④ 対象児童の課題となる行動が見られたときは，その前後にあった事実をビデオで確認する。
⑤ 確認された事実を，授業者の教授行為，教材・教具，学習活動との関連で語る。
⑥ 読み取りの段階で確認した授業者の意図にそって，授業目標が達成されているか，授業行為，教材・教具，学習活動との関連で語る。
⑦ 授業者の意図や学習目標が，児童の実態に適していたか語る。
⑧ 発達障害の特性を考慮した授業の支援についての助言を行う。

第3段階　語り・授業計画
① 第2段階での授業者の気づきを授業者自身がカードにまとめる。
② 授業者がカードに書いた気づきに対してコンサルタントは敬意を表し，次の実践への意欲を高める。
③ 授業者が新たに気づいたことを生かして，コンサルタントとともに授業計画を立てる。

(2) コンサルテーションの実践例

　コンサルタントは，A市立の通常学校の教諭。通常学級担任13年，特別支援学級担任5年，内校内教育相談担当4年を経て大学院修士課程で障害児教育専攻の筆者である。
　授業者はコンサルタントの勤務校の2年生の通常学級担任で教職経験2年である。

① コンサルテーション前の実態把握

担任のニーズの把握

2007年6月に担任から，今のクラスの状態について課題であると感じていることの聞き取りを行った。担任は「支援の対象児がたくさんいることで手に負えない状況であり，授業中の行動問題に直接手をかけるだけで，授業の支援で対処できていない。他児への影響も気になる。特に国語科が難しい」と訴えた。また，担任が気になる対象児の授業中の行動問題として次の点をあげた。

A児：離席・授業と関係のない発話・机上の整理
B児：離席・課題不履行・書字の抵抗
C児：課題不履行・授業と関係のない発話・書字の抵抗・机上の整理
D児：理解力の弱さ
E児：書字の抵抗・離席

授業観察およびビデオ撮影

コンサルテーション前の授業観察より，授業中の対象児童の実態把握を行う。2007年6月の国語科「新出漢字の学習」の授業を観察およびビデオ撮影した。対象児童の4人（E児は欠席）全員が，担任の教授に参加する反応を示したのは，「新出漢字の中にどんな既習の文字が隠れているか」のときだけである。A児C児は，個別に対応されたときしか授業に参加していない。それ以外の時間は落書きをしたりビデオを気にしたり，授業に関係のないことをしゃべったりしている。B児は，授業の最初から担任の笛を勝手に手にして吹き，授業の妨害を続け，担任に取り上げられると教室を出て行ってしまった。D児は授業の最初から最後まで机上にランドセルが乗ったまま学習を続けた。

授業後に担任が記述した「授業を振り返って」からは，児童が「書く」活動ができていないことを自覚し，課題であると感じているのがわかる。しかし，この実態を打破するための手だてについては記述がない。

② **VTR再生法を用いてのコンサルテーション**

2007年8月に授業のコンサルテーションを行った。コンサルタントと担任の実際の会話のやりとり等は以下の通りである（Cはコンサルタント，Tは担任）。

第1段階　「本時のめあて」の確認

C：漢字の学習にかかわって，WISC-Ⅲの結果を見てみよう。
T：A児は，何度いっても書き順が直らない。
C：書き順にこだわらない方がいいのではないだろうか。絵画配列が弱い。
C：細かな形の違いを見比べて探すことはA児の中では得意な力である。物事の順を追って考えることは苦手ではないか。
T：漢字の間違い探しは得意でよく発表する。
C：書き順よりも形を覚えることを重視して。
C：C児は言葉をよく知っているよう。学年以上の力あり。難しい言葉を他の子に分かり易く説明させることで有用感をつける「教えてくれてありがとう」そして，C児には分かり易く人に伝える力をつけよう。他児には言葉を増やすチャンス。しかし，じっくり書くことは苦手でいらいらするだろう。先生の言葉がけが必要。「ゆっくりでいいよ」と。

第2段階　VTRを再生しCとTで視聴

C：最初にTが黒板に新出漢字を「1，2，3……」といいながら書いている意図は？
T：子どもがそれを見ていて，次の活動につながればよいと思って。
C：子どもら見てないなあ。
T：なんとかしたいんですよ。
C：何をねらうかやなあ。書き順は後でしていたもんなあ。
T：ここで「1，2，3……」いう必要ないのか！
C：Tが書き順を教示している時，誰も見ていない。その間，下を見ている子が多いのは？
T：ドリルを見て調べている。
　（次の活動を見通して手を挙げている子が数名。）
C：学習活動がパターン化されているのはいい。頭という新出漢字の中に今ま

でに習ったどんな漢字が含まれているか，といった投げかけは子どもに合っている。どんな漢字が隠れているかどんどん発表している。1年で習った漢字の振り返りにもなる。ここでは，みんな座っている。

C：B児は絵を描くことが得意？　T：細かい絵をよく描いている。

C：この力を授業に使えないだろうか。授業の導入でB児の描いた漢字の絵を用いては？

T：いいですね！

C：「1. 2. 3……」と空書きをする活動も残したい。これで覚える子もある。
（B児が離席し教室を出ていく。）

T：笛を取り上げたら，B児がどこかへ行ってしまったんです。
（ビデオを巻き戻して離席のタイミングを確認。）

C：実際に笛を返させる場面を設定して，児童と先生とのやりとりのモデルをTに示す。

第3段階　文作りの場面

C：みんな，友達の発表を聞いてるなあ。

T：うなずく。

C：互いに友達に関心がある。

C：（子どもが発表した）「頭を使う」の意味をみんながわかってるかなあ。自閉傾向の子の語用論について具体的に話す。2年生だから出てきた文をちょっと動作化すると理解が深まるのでは。「頭を使う」で先生が間違った動作化をし，これではないなあと確認する。

T：ああ！　なるほど！　動作化を入れるのはいいですねえ。

C：ことばのイメージを促し他児の理解を深める。C児には難しい言葉を発表したときに「よく知っているね」とほめる。
（C児が「頭突き」と発表する。）

C：この言葉みんな知らんと思うねん。

T：確かに。

C：「さすが，Cちゃん」とさすがをつけてほめる。そして頭突きの動作化。

T：ああ！

C：みんなもいってみようと，声に出すといいかも。言葉集めの最後に板書し

たことばや文をみんなで読んでいくというのはどう？
　（2学期からの新出漢字の学習方法について確認する。）
T：最初にB児の描いた絵をみんなに見せて，「今日の漢字は何でしょう」「ドリルで確かめてみよう」で，みんな，さっと出しますね！
C：そうそう。「出しましょう」といわなくても。B児は，自分は先に知っているという，得意な気持ちで授業に入れる。
T：ことば集めでは，動作化を取り入れて理解を広げたり，深めたり。
C：ここでは，特にC児を意識して。
T：動作化ではA児とE児がのってくるだろう。
C：動作化の後の切り替えが大切。1回だけとか，テンポやリズムをつけるとか，「はい」（手をたたく）と次の活動に入るとか。授業全体がパターン化されると，授業の時間的な効率化につながる。
　（1単位時間の授業の流れや，挨拶，授業の準備，机上の整理，朝や帰りの用意の工夫などに話が発展。個々の支援，学級全体の取り組みについて。Cの過去の実践や他の教師の実践を紹介。）
　以上の語りをもとに，Tが項目ごとに整理してカードにまとめた。

本時のねらい	漢字に親しみを持ち，今までに習った漢字を含めて考えることができる。習った漢字を含む熟語，文章を考えることができる。
子どもの実態に基づいて適切な授業目標が設定されているか	・今までに習った漢字を見つける中で新出漢字に親しみを持つ，というのは児童の実態に適切であるようだ。板書の漢字を見て，よく見つけていた。 ・熟語・文作りは，個から全体へ広がりがない。
教授行為は子どもが学習活動を適切に行うようになされているか	・最初に新出漢字を板書する際に，一画ずつ「1，2，3……」というのには意味がない。→空書き2回。2回目は児童だけ。 ・授業を進めながら，個々に，机上に必要でないものを整理して回っている。改善必要。個人的な支援→C児　全体的な支援→クラスのルールとして ・B児の笛を取り上げたら離席してしまった。先生に取り上げられたことで気持ちを崩した。→理由を話しB児から

	先生の手に渡すような声かけをしてみる。それでもだめなら，もう一度理由をいって取り上げる。
教材・教具は授業目標を反映したもので，子どもの学習活動を促すものであるか	・ドリルのみで新鮮味がなく親しみがわかない。語彙量が少ない子は漢字そのものの意味がわからず，熟語や文が作れない。→B児が描いた，漢字の意味を表すイラストの提示により，新出漢字に興味を持つことができ，漢字の意味を理解しやすくし，熟語や文を考える手立てとする。
学習活動は授業目標にそった形でなされているか	・語彙量が少ない子は，熟語，文作りを考える手立てがない。→視覚的な教材提示で考える手立てとする。 ・個々が知っていることを発表しているだけで全体へ広げていないので集団の学びとなっていない。→熟語や文の意味を全員で動作化し理解をうながしことばを増やしていく。 ・言語理解が高いC児にとって，熟語作り，文作りは得意なところ。彼の発表を先生がわかりやすく解説し，C児の力を学級に生かす。みんなの前で認めほめる。
教授行為や教材・教具，学習活動は子どもの実態からかけ離れたところで考えられたものではないか	・新出漢字の中に隠された文字を見つける，といった活動は子どもにわかりやすく，漢字をじっくり見ては見つけ出し，積極的に発表していた。 ・熟語，文作りは発表できる子とそうでない子がいる。ことばの理解に優れている子と，ことばの遅れが著しい子とが混在しており，実態がかけ離れている。得意な子を生かし，他児へのことばを広める橋渡しの工夫をする。→動作化でその意味を確かめる。出された熟語や文を声を出して全員で読む。
その他	・新出漢字の学習をパターン化し時系列で提示する。 《2学期からの漢字学習の流れ》 1. B児の描いた，漢字の意味を表す絵の提示 2. 先生の新出漢字の板書（文字の下に絵をはる） 3. ①隠されている文字見つけ 　②まちがいさがし　　　　①②いずれか 4. 熟語，文作り（発表→動作化） 5. 熟語，文をみんなで読む。 6. 4回ドリルに練習

③ コンサルテーション後の実態把握

2007年9月に国語科，新出漢字の授業のみとりを行った。

A児は欠席。これまで，書く活動に向かうことが困難だったB児に大きな変化が見られた。B児が描いた新出漢字をイメージしたイラストを学習に取り入れたことで，B児の意欲が高まり，授業が終了してもドリルに書き続けるといった前向きさを見せた。この授業がきっかけで，休み時間や取り出しの授業に行くときに，漢字ドリルを小脇に抱えるB児の姿が見られるようになった。余程うれしく自信につながったものと思われる。

C児はこのイラストを自ら動作化しさらにイメージをふくらませる活動を見せた。

普段あまり離席しないD児が黒板にはられたイラストを間近に見に行き，その一部について指をさしながら何かを確認していた。

E児もイラストに興味を示し，漢字との関連を間近で確認する姿を見せた。

イラストから新出漢字をドリルで確認するときには，ほとんどの児童が素早くドリルを取り出しページをめくる様子が見られ，学級の児童全体の関心が高まったこともわかった。コンサルテーション前には課題であった空書きの活動は，今回の教授の工夫で全員が揃ってできた。

また，コンサルテーションにおいてC児の良さが授業に生かされていないといった事実を担任が受け止め，C児の言語理解の高さが生かされた場面で，「よう知ってるなあ」とC児の良さを認める声をかけることができ，C児の良さを学級児童へ広め生かすこともできていた。

(3) 本コンサルテーションの有効性とRP法の意義

「担任がコンサルタントとともにビデオ撮影された自らの授業を視聴し，その文脈の中での事実を分析し視点を明確にして語り合う。これに

より担任は気づきの力を高め，その後の授業を計画・実践する中で発達障害児への特別支援を取り入れた授業の改善が促されるであろう」と，コンサルテーションのモデルを提案した。

　担任のニーズに基づき，担任と対等な関係でRP法の視点をもとにコンサルテーションを行うことで，実践的な知識や即興的な思考を高めるのに有効であると考えた。

　コンサルテーション後の授業で「B児の自作の視覚教材を用いる」「C児の言語理解力を生かす」といったコンサルテーションで見つけられた対象児童の良さを授業に生かした点が評価されるであろう。対象児童の優位な能力を授業に取り入れたとともに，対象児童の自尊感情を尊重した支援であったことが有効であったようだ。

　また，他の授業では，担任が場面絵という対象児に有効であると思われる教材を用いてはいるものの，VTRを見て生かし方に問題があることに気づく語りがあったり，逆に担任が黒板に描いた絵が授業を活発にしたことを確認することができたりした。その後の授業では，場面絵という視覚資料をどのようなねらいで生かすのか，といった指導の意図が明確になっている。担任は「視覚支援の有効性」について，今まで研修会等で何度も聞いたであろうと思われる。しかし，コンサルテーションによって，担任はその認識を深め実践化へと結びつけることができたといえるのではないだろうか。

　これらは，授業において教師の意図するもの（授業意図，授業目標）に対する達成の手段（教材・教具，教授行為）の適切さをコンサルテーションしたことによる成果であろう。特別支援の対象児を考慮しての支援を授業の意図や目的達成のための方策ととらえる視点で授業を振り返ることで，担任の気づきを高めたり，支援を生かした授業に結びつけたりできたのではないだろうか。

（大濱早苗）

9 授業づくり・自己研修と RP 法

　教育の質的水準を維持するためには教員の資質を向上することが不可欠であり，そのための教員研修について，国や各都道府県，大学は，積極的に奨励し支援体制の整備を図っている。そこで問われるのが，教師一人一人の自発的・主体的な自己研修マインドである。

　「教師は授業の専門家だ（太田，2006）」といわれるように，日々の「授業」実践の中で，いかに専門家としての役割を果たすのか，そのための自己研修として，教師は何に努力すればよいのか。ここでは，授業批評に基づく2つの日常的な授業研究における自己研修の実践を紹介する。それは，太田（2004）が提案する「五目おむすび法」と「RP法」による授業研究の実践である。この実践を通じて，自己研修と「RP法」の関連について考察する。

(1) 教師の一日

　教師の一日をふり返ってみると，私達は朝，まず職員室に入り，机上の書類に目を通し，着替えを済ませたら，子どもたちが登校するまでの時間，授業準備に入る。教材・教具の準備，授業の舞台となる教室等の整備をしながら，今日の授業のことを考える。いよいよ子どもたちが登校し始める。そして教室では，「おはようございます！」の挨拶とともに授業が始まる。生活単元学習，遊びの学習，作業学習，日常生活の指導等，各授業が展開される。「さようなら」とともに一日の授業が終わり，子どもたちが下校をする。放課後は，教材・教具のかたづけ，教室の清掃……と，授業の後かたづけが始まる。その後，会議，書類の作成，保

護者への連絡，明日の授業準備……こうして，教師の一日は終わる。

年々，教師の仕事は，書類作成や会議に費やす時間が増える傾向にある。しかし，一日をふり返ってみれば，準備や後かたづけも含め，やはり「授業」に費やす時間が大半を占めていることがわかる。

太田は，教師として，研究者として，30年あまりの「授業」に対する研究をもとに，「教師は授業の専門家だ」という視点から，特別支援教育の授業づくりのポイントを46項目に分け，教師自らが努力する方向性を示している（太田，2006）。

では実際に，教師は日々の「授業」について，何を，どのように努力すれば，専門家としての仕事ができるようになるのであろうか。そこで，教師の自己研修について考えてみよう。

(2) 教師の自己研修

教員研修とは，教職にある者が，その職能を向上させるために行われる研究・修養のための制度，組織ならびに活動のことである。採用直後から行われる初任者研修に始まり，教職経験に応じて行われる基本研修，特定の必要性から実施される専門研修などがある。変動の激しい現代社会では，教育環境が複雑化し，発生する問題も多様化・深刻化する状況にある。それらに対応するためには，教員の資質の向上や専門性の確保が必要不可欠である。そのようなことから，教員研修は今，重要な課題となっている。

我が国では，教育公務員特例法（昭和二十四年一月十二日法律第一号）において，「（研修）第二十一条　教育公務員は，その職責を遂行するために，絶えず研究と修養に努めなければならない」とされ，中でも自己研修は，教師自身の自己向上心に基づくものであり，研修効果も大きいことから，大学も現職教育に積極的に参加・協力するようになった。教員に対するより高い専門性を求める社会的な要求に応えて，2007年文

部科学省は，教職大学院設立に関する省令等（専門職大学院設置基準及び学位規則の一部を改正する省令等）を公布，2008年度から全国19大学（国立15大学，私立4大学）の教職大学院が開設・スタートした。その翌年には，新たに5大学（国立3大学，私立2大学）が設置され，今後も増加傾向にある。教師の自己研修の場は，ますます拡がっていくであろう。

　また，国は都道府県等が行う研修事業に対する支援を行うとともに，独立行政法人教員研修センターにおいてリーダー的役割を果たす教員を対象とした研修や学校教育に係る喫緊の課題に対応した研修も実施している。1999年教育職員養成審議会は，「養成と採用・研修との連携の円滑化について（第3次答申）」で，「研修については，個々の教員の自発的・主体的研修意欲に基づいた研修を奨励しそのための支援体制の整備を図ること」としている。さらに，2005年に，中央教育審議会義務教育特別部会の審議経過報告では，「(2) 信頼される教師の養成・確保」「ウ採用，現職研修の改善・充実」の中で，「研修については，校内研修や任命権者等が実施する研修といった体系的な研修と教師の主体性を重視した自己研修の双方の充実が必要である」との説明があり，教師の主体性を重視した自己研修の必要性が，ここでも明示されている。

　以上のように，教員研修・自己研修について，国や各都道府県，大学は，積極的に奨励し，支援体制の整備を図っている。そこで，その効果をさらに高めるために，重要なポイントになってくることは，教師一人一人が，専門分野での資質向上を目指して，いかに自発的・主体的な研修マインドを持って自己研修を行い，日々の「授業」に挑むかである。

(3) 自己研修としての「五目おむすび法」

　教員研修そのものや参加のための支援体制の整備がすすみ，自己研修の機会は充実してきた。教師はそれらに参加することで，必要とする専

門的な知識や技術を習得することができるようになってきた。さらに，教師活動の中心である日々の「授業」実践の中で，専門性を高める方法を身につけることができれば，確実に授業力を高めることができるといえる。それが，太田のいう「普段着でできる授業研究」である。

太田（2004）は，授業批評に基づく日常的な普段着での授業研究のやり方として，グループや学部単位などで行う「RP法」による授業研究法と同時に，授業者一人で行う「五目おむすび法」という自己点検型の授業研究法を提案している。まさにこれこそは，日々の授業づくりにおける自己研修の一手法である。この「五目おむすび法」とは，「授業者は自分の行った授業をふり返る場合に，ふり返る視点が必要である」とした上で，その視点を〈五目〉ということばで表したのである。

この〈五目〉とは，自分の授業を点検するための5つの視点を表している（太田，2004）。

「五目おむすび法」の〈五目〉（授業を点検するための5つの視点）
① 「授業目標」　　授業者の意図や授業の目標が明確であったか，具体的にイメージして授業に臨んでいたかを問う。
② 「教授行為」　　子どもに伝える授業者の行為（教授行為）は，どのように行われていたかをふり返る。
③ 「教材・教具」　教材・教具は，子どもたちにどのように提示したか，ふさわしいものであったかなどを検討する。
④ 「子どもの実態」子どもの実態の把握の仕方に視点を当ててふり返る。
⑤ 「学習活動」　　子どもの学習活動を事実的に押さえて評価する。

さらに太田は，授業は「〈おむすび〉の視点から，ふり返る必要がある。これは，5つの視点はばらばらなものではなく，相互に関連させて（むすび合わせて）授業をみることが重要である」ことを示している。

そこで筆者は，授業者自らが一人で行う「五目おむすび法」とグルー

プで行う「RP法」を用いて，授業研究の実践を試みた。

その結果，授業がどのように改善されていったか，また授業者がどのように変容していったかについて考察する。

(4) 「五目おむすび法」と「RP法」の実践例～「花壇づくり」～

① 中学部作業学習「花壇づくり」

「花壇づくり」は，中学部生徒5名（2・3年の縦割り集団）と，教師1名による全12回24時間（期間2ヶ月，週1・2回，各回2時間）の題材である。主な作業活動は，間伐材（木）を一定の長さに切断し並べ，花壇の枠作りをした後，土を入れ，花を植える，という活動である。毎回1つの花壇を作成することを，作業目標とした。

「花壇づくり」の様子　　　　　授業終了・花壇完成

② 「五目おむすび法」の実践―その方法―

「五目おむすび法」の〈五目〉（5つの視点：「①授業目標」「②教授行為」「③教材・教具」「④子どもの実態」「⑤学習活動」）に基づいて，全授業12回，授業者が一人で授業をふり返った。

ふり返り方法として，A4サイズ1枚の授業記録を作成した（図1）。授業記録には，授業者が授業ポイントであると感じた内容と，そのポイントを表す写真とを記録した。そして，この授業記録を〈五目〉で分析した。

③ 「五目おむすび法」の実践―第1回授業のふり返り―

①授業目標　第1回の授業目標は,「花壇を作ることを知る。花壇の作り方を知る」であった。授業記録には「花壇を作ろう！　木を切るよ！木を並べるよ！」とある。ここから,授業者は,授業計画時の授業目標を,授業実践時には,より具体的な生徒の学習活動レベルでイメージし,授業目標を意識して授業に臨んでいたことがわかる。

②教授行為　授業者は,教授行為として,授業開始前に,学習活動（木を切る）のための教材・教具である間伐材と木挽き台を,活動場所にセットした。これにより,生徒は授業開始すぐに,木を切る活動を始めた。生徒たちの意欲や学習活動を焦点化し,視覚化した教授行為は,授業初期段階に有効であることがわかった。

③教材・教具　教材・教具の1つとして,花壇を作る（間伐材を並べる）場所に「1m四方の白い板」を置いた。すると生徒たちは,「白い板」を目印に,間伐材を順に板上に並べ,花壇の枠を作ることができた。授業目標「花壇の作り方を知る」に適合した視覚教材を提示できたことがわかる。

④子どもの実態　道具と活動の関連から子どもの実態を捉えた。例えば花壇に土を入れる学習活動では,生徒にスコップを提示すると,生徒は土をすくい花壇枠に入れ始めた。また,花の水やりの学習活動では,じょうろを提示すると,水やりを始めた。ここから,生徒が道具（スコップ・じょうろ）の正しい使い方を理解して使用できることがわかり,経験を蓄積し,その経験知を活用して活動にうつすことができるという実態を捉えることができた。

⑤学習活動　生徒たちは50cmに木を切り,「1m四方の白い板」に沿って木を並べ花壇の枠組みを作り,土を入れ,花を植えて,水やりをすることができた。この学習活動から,生徒たちは,授業目標の「花壇を作ることを知る・花壇の作り方を知る」を達成できたと評価した。

①授業目標

花だんをつくろう！
木を切るよ！　木を並べるよ！
第1回目（5月18日）

③教材・教具

〜場の設定〜
ベンチを台をどこに置くか
木挽きを台をどのように並べるか
どこに注目させるか
（ピンクの布）

白い板
子どもたちにとって
並べる場所の手掛
かりになりました

切る番、押さえる番
2人で交代でします

④子どもの実態

スコップを渡すと土を入れ
始めるまず経験知の活用です

花壇完成！！
じょうろを渡すと
水やりを始め
ました

⑤学習活動

ベンチ、間伐材、木挽き台を
セット。木を切る活動がすぐ
にスタートできる環境づくり

元の花壇を破壊することから始める
のが常だった作業学習。それは、汚
い花壇を壊して、片付けるだけの作
業時間となり、導入の授業から苦痛
を与えてしまっていました。
「今から花壇を作るんだ！」
「さあ花壇を作ろう！！」に気持ちが
向けられるように、ここでは授業の
始まりを思い切って変えました。

図1 「花壇づくり」第1回授業記録

96

④ 「RP法」の実践―第1回授業研究―

第1回授業を対象に,「RP法」による授業研究を実施した。参観者は授業案から,子どもの実態,授業の意図,授業目標,指導の手だてを読み取った(Reading)。

次に授業を子どもの実態,授業目標,教授行為,教材・教具,学習活動の視点(五目おむすび法の五目と同様)から参観した(Observation)。参観と並行して,事実や気づき,感想などのメモを取り(Memorandum),そして,メモをもとに参観のポイントについて,参観で得た事実を分析し(Analysis),批評内容を語った(Narration)。

授業研究会では,初めに授業者から授業案に基づいた本時の授業目標,子どもの実態,学習活動,指導の手だてについての説明があった。

その後授業者は,授業記録(図1)を提示し,「五目おむすび法」による授業研究の内容について語った。その結果,参観者からは,以下のような授業批評があった(表1)。〈 〉内は,〈五目〉による分析を示した。

表1 第1回授業研究会における授業批評内容

○第1回目の授業なので,これから何をするのかがわかる授業が望ましい。本時の授業目標そのものであり適切である。 〈授業目標〉 ○生徒たちは授業者による説明の後すぐに木を切り始めた。今日の活動だということがわかっていた証だ。作業学習では準備をするところからはじめがちだが,第1回目の授業では,主になる活動がすぐに始められるよう,シンプルに示す手だてが有効である。 〈授業目標,教授行為,子どもの実態,学習活動〉 ○ことばで「ここに木を並べます,花壇を作ります」といってもわかりづらいが,白い板(視覚区分)を置くことによって,生徒たちは視覚的に花壇の場所を理解することができていた。

〈教材・教具，学習活動〉
○道具が，生徒たちの活動を引き出すことが多々ある。本時では，スコップやじょうろがそれである。活動に適した道具は教具になる。　　　　　　　　　　　〈教材・教具，学習活動〉
○生徒たちは「木を切る」ことは理解したが，全員で何本切るのかやそのために自分は何本切ったらよいのかが，本時では理解できていない。そこへの工夫が，次授業で必要ではないか。
　　　　　　〈授業目標，教授行為，子どもの実態，教材・教具〉
○木を切る活動の各自の目標を明確にすることで，生徒たちの意欲を高められるのではないか。　　　　　〈授業目標，学習活動〉
○木の本数が視覚的に理解できる教材・教具を工夫してはどうか。
　　　　　　　　　　　　　　　　　　　　　　　〈教材・教具〉
○作業時間の提示はどうだろうか。いつまでやれば終わり，何時まではがんばろう，といった目標はどうだろうか。
　　　　　　　　　　　　　　〈授業目標，教授行為，教材・教具〉

　これらの授業批評を受け，授業改善（教材・教具の改善）を行った（図2）。

⑥　授業改善後の授業―第3回　授業のふり返り―

　図3は，第3回授業記録である。第1回授業記録（図1）と，第3回授業記録（図3）を比較すると，〈五目〉に関連した記録が増え，さらに，これら5つの視点が，より相互に関連していることがわかる。

　これは，「五目おむすび法」と「RP法」による授業研究を実施したことで，授業が回数を重ねる毎に改善され，授業者および参観者の授業に対する視点（授業視点）が質的に変化していったとみてよいだろう。

　作業学習「花壇づくり」では，「五目おむすび法」12回，「RP法」5回の授業研究を行った。

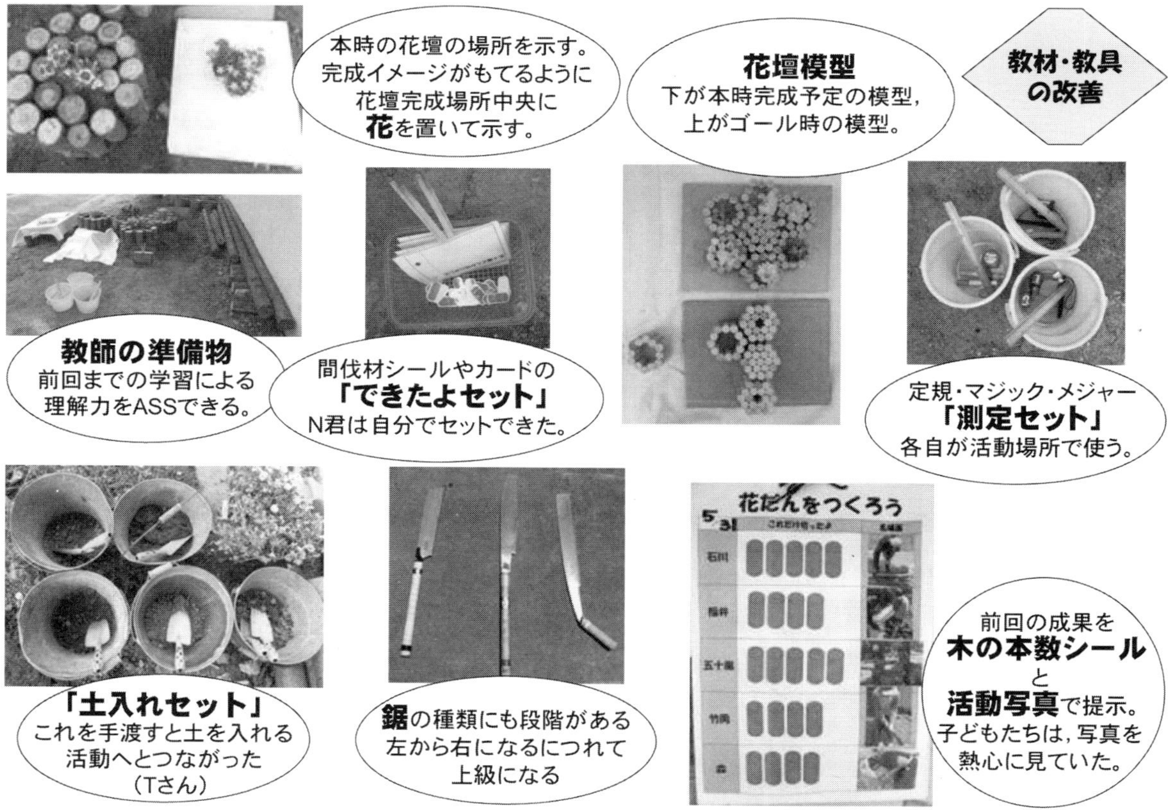

9　授業づくり・自己研修とRP法

教材・教具の改善

「測定セット」
定規・マジック・メジャー
各自が活動場所で使う。

花壇模型
下が本時完成予定の模型、
上がゴール時の模型。

木の本数シールと**活動写真**
前回の成果を写真で提示。子どもたちは、写真を熱心に見ていた。

本時の花壇の場所を示す。完成イメージがもてるように花壇完成場所中央に**花**を置いて示す。

「できたよセット」
間伐材シールやカードのN君は自分でセットできた。

鋸の種類にも段階がある
左から右になるにつれて
上級になる

教師の準備物
前回までの学習による理解力をASSできる。

「土入れセット」
これを手渡すと土を入れる活動へとつながった（Tさん）

図2　「PR法」による授業改善（教材・教具の改善）

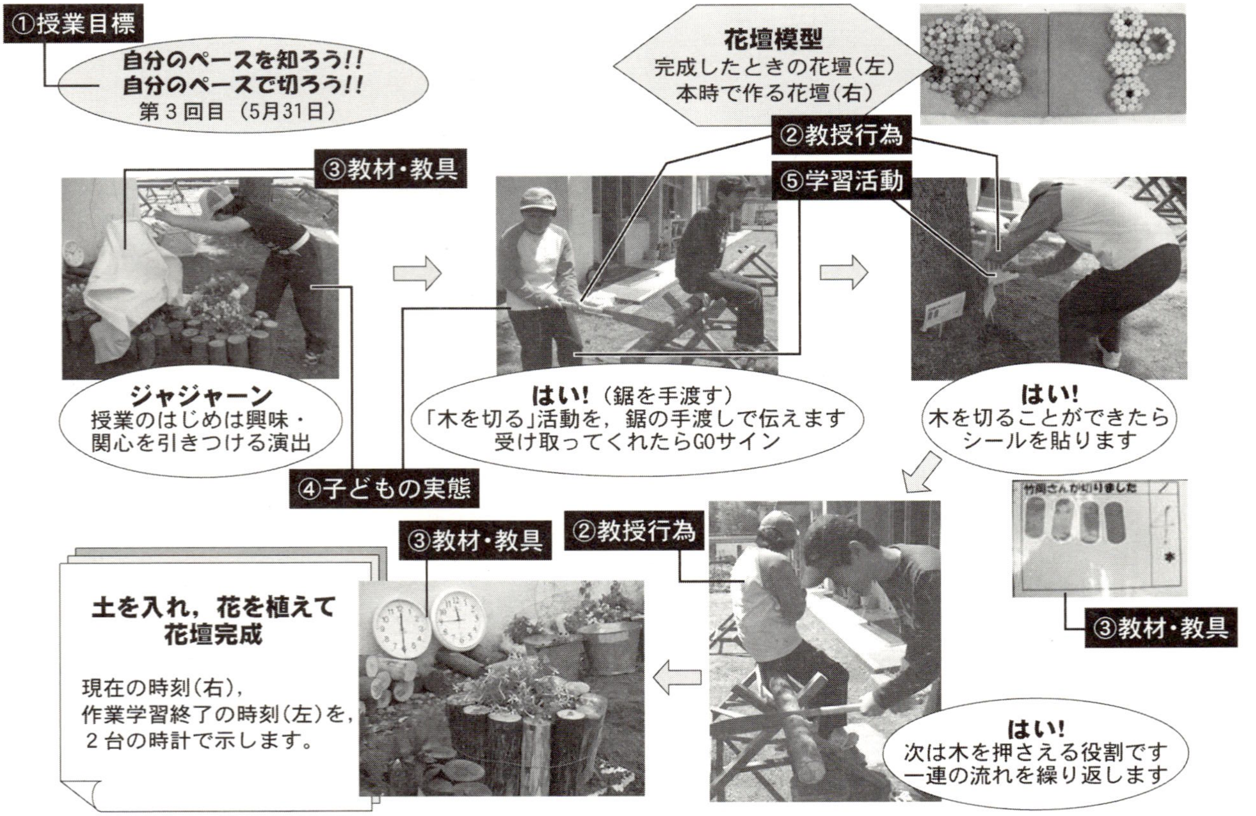

図3 「花壇づくり」第3回授業記録

(5) 自己研修と「RP法」の関連

　「五目おむすび法」と「RP法」の実践から，授業は明らかに変化した。授業目標は生徒の個別実態に対応した具体的な目標となり，学習活動は，授業目標の達成にむすびついた子どもたちが取り組みやすい活動となってきた。そしてそれらを達成するための教授行為，教材・教具は，幾通りも考案された。

　また，授業者は子どもの活動の変化に敏感になり，実態をより詳細に把握し記録するようになった。授業者は，授業を自己点検し記録する習慣を身につけることができた。そして，参観者自身も授業視点が質的に向上し，授業改善に有効な情報を提供できるようになり，授業研究会を有効に活用できるようになった。

　明日の授業目標は具体的だろうか，授業目標・学習活動の伝え方はこれでよいだろうか，よし！　この教材・教具を使ってみよう，その時，子どもたちの活動・表情はどうだろうかと，明日の授業が待ち遠しく楽しみになった。

　これらは「五目おむすび法」と「RP法」を相乗的活用した授業づくりの実践から得られたものである。このことから，「五目おむすび法」と「RP法」は自己研修として有効であるといえる。

　教師としての専門性を高めるための自己研修，そして教師が授業の専門家になるための授業研究。教師にとって大切にしたいことは，教師自らの「授業力」を高めるために，日々の授業を正しく実践（P〈計画〉－D〈実践〉－C〈評価〉－A〈改善〉）し，授業研究を繰り返し続けていくことである。

　難しいことではない。目の前の子どもたち一人一人のために，「五目おむすび法」と「RP法」を相乗的活用し自己研修を重ね，工夫や努力をしながらよりよい授業づくりを行うことである。子どもたちの発達・

成長した姿は，何より教師にとって最大の喜びであり，教師冥利に尽きる。

〈文献〉
- 太田正己（2006）『特別支援教育の授業づくり46のポイント』黎明書房，pp. 1-2。
- 太田正己（2004）『特別支援教育のための授業力を高める方法』黎明書房，pp. 59-61。
- 太田正己（2007）『特別支援教育の授業研究法』黎明書房，pp. 204-210。

（中川宣子）

10 大学での講義へのRP法の活用
―学生の実践力の形成―

　学生にとって，卒業後，教育現場ですぐに求められるのが日々の授業実践力である。また，近年，教育現場において，大きな課題となっているのが教師の専門性，中でも日々の授業実践にかかわる専門性といわれている。

　筆者が担当している講義の中に，教育実習の実地授業や卒業後の教育現場での授業実践を視野に入れたものがある。教育実習で行われる実地授業では，学習指導案の作成，授業実施，反省会という過程で行われるのが通例である。

　太田のRP法は，授業案の読み取り（Reading），参観（Observation），メモ（Memorandum），分析（Analysis），語り（Narration）という一連の段階を経るプロセスを重視する授業研究の方法である（太田，2004）。

　これらの各段階での取り組みや留意すべき事柄を具体的かつ詳細に学ぶことは，授業実践力の向上に役立つものと考えている。

　本稿では，本年度取り組んだ講義の中から，RP法の内容を多く取り入れた講義について紹介する。

(1) 講義の概要

① 授業概要

　特別支援教育における授業づくりに関して，教育課程，個別の指導計画等との関連を含め，実際の授業を基に，授業の設計，展開，評価についての解説および演習を行う。

　また，授業研究の方法についても検討する。

② 主な授業内容
○課題の明確化—学習指導案によらない授業参観と討論—
○特別支援学校の教育課程
○授業づくりの過程（設計→展開→評価）
○学習指導案の読み取り（R）・イメージ化
○学習指導案の読み取り（R）・ビデオ視聴（参観：O）・メモ（M）・分析（A）・討論（語り：N）
○学習指導案作成に関する演習（本時案の書き方）
○学習指導案作成の実際（実地授業）
○授業検討会（授業後の反省会）

(2) 講義の実際

① 学習指導案によらない授業参観：講義第1回〈個別の自立活動〉

---本講義の流れ---
【授業のビデオ録画の視聴】→【討論】

　学習指導案を読み取ることの意義と必要性について，実際の体験を通して確認させるため，第1回目の講義では，あえて学習指導案の読み取りをすることなく，ビデオ録画の視聴を行い，意見交換した。
　なお，本講義は岡山大学教育学部附属特別支援学校と連携して行っており，本稿で取り上げている学習指導案（題材名・目標・活動）は，岡山大学教育学部附属特別支援学校研究協議会要項（2006，2008）からの引用である。
【取り上げた授業】
　自立活動（個別）「経験したことを話題としたやりとり〜AAC手段を使って」※AAC（Augmentative and Alternative Communication）：補助代替（拡大代替）コミュニケーション

［本時の主な目標］
○休日に家でした事柄を，描画や発語，文字カードブックによって，教師に伝える。
○名前当てゲームの中で，トーキングエイドを使って，友達や教師の名前を答える。

［主な学習活動］
㋐名前当てゲーム，㋑物当てゲーム，㋒家や学校でしたこと（お話）

【ビデオ録画視聴後の主な意見・感想】
　ビデオ録画視聴後，学生から出されたのは，意見ではなく，質問や感想が主であり，その数も少なかった。主な内容は次の通りである。
質問：「生徒の持っていたボードには何が書かれていたのですか？」「なぜ，写真を見て当てるゲームをしているのですか？」
感想：「授業目標が何か分からなかった。」「話すことの困難さ等，生徒の実態が少し分かった。」「家や学校でしたこと（お話）では，順序立てて話すことを意図していたように感じられた。」

　小学校や中学校等の授業参観では，参観者は授業の教科名（国語，算数等）や学年から，授業内容をイメージして参観に臨む。そして，実際の参観では，教師の全体説明や発問，板書等から，授業の目標や内容，さらには子どもの実態までも，ある程度の理解が可能である。

　これに比べ，特別支援学校（知的障害）の教育課程では，各教科の内容が小・中学校等と異なり，また，各教科等を合わせた指導の形態も多く取り入れられており，各学校の教育課程，週時程は様々である。

　さらに，同じ学年でも，個々の実態は多様であり，参観前に，授業をイメージすることは大変難しい。また，実際の授業では，教科書等を使った一斉指導ではないことも多く，授業の目標や内容をとらえることができない場合も多い。

　今回，学習内容や実態をとらえやすくするために，個別学習を取り上

げたが，それでも学生にとっては対象児の大まかな実態把握までが精一杯であり，授業者の意図について意見交換するまでにはいたらなかった。

② 学習指導案の読み取り＝授業のイメージ化〈個別の自立活動〉

本講義の流れ

【学習指導案の読み取り】→【発表・討論】→【ビデオ録画の視聴】→【発表・討論】

太田（2004）は学習指導案の読み取りに関し，5つの視点を示している。㋐授業者の授業意図，㋑子どもの実態のとらえ，㋒教材のメリット・デメリット，㋓学習活動や手立て，㋔具体的な評価基準。

本講義でも，これとほぼ同様に，○授業者の意図（授業目標），○子どもの実態，○目標達成の手立て（指導方針・教材等），○学習活動の内容と展開（構成）の各視点から学習指導案を読み取り，意見交換を行った。

【取り上げた授業】

自立活動（個別）「書字による要求―刀作りやボールゲームの中で―」

［本時の目標］

○教師の質問に対して書字で答える。
○自分のしたい活動を，自分から教師に書字で伝える。

［学習活動］

㋐文字学習，㋑刀作り，㋒ティータイム，㋓ボールゲーム，㋔CD聴

【学習指導案読み取り後の主な意見・感想・質問＝イメージ化】

「自発要求を引き出す手がかりの効果について実際に見て確かめたい。」「メモを少しずつ小さくすることは生活場面での活用が期待できる。」「筆記用具への配慮の必要性を実際に見て確かめたい。」「題材選定が生徒の興味に基づいていることがよく理解できる。」「ティータイムでお茶等が置かれている場所を実際に見て確かめたい。」「平仮名ではなく，漢字を使うのはなぜか？」

【ビデオ録画視聴後の意見・感想＝イメージの確かめ】

「指導案では，ティータイムの場面で質問に答えるとなっていたが，実際には自発要求が見られた。」「筆記用具を変えても，こだわりであるなぞり書きがいくらか見られた。」「指導案には詳しく書かれていなかったが，CDの場面で，教師が意図的に子どもから離れることで，教師への働きかけを引き出していた。」「ティータイムで，自発要求を引き出しており，具体物を置く位置は適切であった。」

本授業は，前回と同じ教室で行われたもので，学習指導案の読み取りによるイメージもある程度可能であった。しかし，対象児は異なり，実際の教材等の配置，具体的な手立ては，学生個々の想像に任されていた。そして，各自の持つイメージのまま実際に授業を見たが，その結果，イメージを確かめるだけでなく，新たな発見もなされていた。また，意見や感想は，授業目標や手立てに関するものが多く，学習指導案の読み取りなく行った授業参観に比べ，内容の理解が大きく深まっていた。

③　授業づくりの過程（解説）

授業は，『設計→展開→評価→評価に基づくフィードバック』の過程を単位として，これが繰り返し行われるものである。ここでは，これらの各過程に沿って，生活単元学習や自立活動の実際の授業を取り上げながら，具体的に解説した（仲矢，2004）。

④　読み取り・参観・メモ・分析・語り〈生活単元学習〉

本講義の流れ

【学習指導案読み取り】→【ビデオ視聴・メモ】→【分析】→【討論】

太田（2008）は，参観（O）・メモ（M）・分析（A）・語り（N）の各段階における主な視点を，次のように示している。

参観：㋐授業目標をとらえる。㋑子どもの実態を把握する。㋒教授行為を見る。㋓教材・教具を知る。㋔学習活動を知る。

メモ：㋐授業の「事実」をメモする。㋑解釈，感想と「事実」を区別してメモする。

分析：㋐授業の事実に基づいて，授業意図（目標）と教授行為，教材・教具，学習活動，評価との関連性を分析する。㋑授業の事実に基づいて，授業者の子どもの実態把握と参観者のそれを比較分析する。

語り：㋐建設的に語る。㋑授業での事実を挙げて，具体的に語る。㋒理由を挙げて論理的に語る。

　以上の視点を参考に，本講義では，各段階の視点を次のようにした。

ビデオ録画の視聴：授業目標（本時における学習活動ごとの個々の課題を含む）との関連で，学習活動や手立て，子どもの実際の姿をとらえる。

メモ：教師の働きかけと子どもの反応の事実をメモする。

分析：授業の事実と目標との関連で手立ての適切性や目標の妥当性等について分析する。

討論：授業目標との関連，および学習を進める上での配慮点等の視点から，事実に基づいた自分の考えを論理的に述べる。

【取り上げた授業】
　小学部生活単元学習「たんじょうかいをしよう」（児童数6名）
［本時の目標（全体）］※個別目標および活動ごとの課題は省略
　手順表や道具などの具体物を手がかりにして，活動の見通しを持ち，友達や教師とかかわりながら，意欲的に調理やプレゼント渡しなどの誕生会の活動をする。
［学習活動］
　㋐絵本「ノンタンのたんじょうび」を見聞きする，㋑本時の活動を知る，㋒ケーキを作る，㋓「ハッピーバースデー」を歌う，㋔プレゼントを渡す，㋕食べる準備をする，㋖ケーキを食べる，㋗かたづける。
【メモ・分析・討論の様子】

学生のビデオ録画視聴時のメモを見ると，記録の仕方は多様であるが，学習活動ごとに子どもの実際の姿（言動等）と教師の働きかけの事実をメモしている点は共通していた。

　文字だけでなくイラストを多用しているもの，あらかじめ，事実の欄と考察の欄を分けて書き込んでいるもの，ペンの色を変えて事実と考察を書き分けているもの等，様々な記述上の工夫も見られた。

　分析後の討論では，今回取り上げた授業が，自立活動と違って集団指導であること，ビデオ録画による情報が限られていたことなどから，意見より感想や質問が多かった。しかし，数は少ないものの「待ち時間であっても，写真や具体物，教師の説明等によって見通しを持ち，他の児童や教師が行う活動に注目しており，手立てが有効であったと思う。」「直接指示するのではなく，気づかせるような手立てが多く見られた。」等，授業目標と関連する意見や感想も聞かれた。

⑤　学習指導案の作成に関する演習（本時案の書き方）〈保健体育〉
ア　学習指導案の書式（解説）

　授業づくりは，子どもの実態に基づく目標設定に始まり，授業後の目標の評価によって一応のまとめとなるのであり，目標設定は授業づくりにおける最も重要な作業といえる。

　ここで取り上げている本時案の書式は，岡山大学教育学部附属特別支援学校が作成したものであり，個別の枠を設け，対象となる子ども一人一人の本時の目標，および学習活動ごとの個々の課題（目標）と課題達成のための手立て（留意事項）を記入するようになっている。

イ　学習指導案作成に関する演習（留意事項の記述）

```
──────── 本講義の流れ ────────
【不完全な学習指導案の読み取り】→【授業のビデオ録画の視聴】→
【学習指導案の完成】
```

教育実習生が学習指導案作成の際に最も困難さを示すのは，留意事項欄の記述内容の理解と記述の仕方である（仲矢，1995）。そこで，学習指導案作成に関する演習では，留意事項の書き方を中心に行った。
　ここで，不完全な学習指導案とは，作成されている本時案の留意事項欄の記述内容を部分的に削除したものであり，学習指導案の実際の授業（録画）を視聴することで，授業者の意図や手立てを推測し，削除されていた箇所を埋めていく活動である。これは，個々の目標や手立ての具体化の方法，および，その必要性に気づかせることを意図している。
【取り上げた授業】
　中学部保健体育「テーブルホッケー」（生徒数18名）
【削除した留意事項と記述の例】※網掛け部が削除箇所
例1）学習活動2(2)短縄跳び→手立ての削除
　　『生徒の実態に合わせて，補助具付き縄跳びや重さの違う縄跳び，フープなどを用意しておく。』→記述例『材質や長さの違う縄』
例2）学習活動3(1)テーブルホッケー（シングル）→意図の削除
　　『どの当たりを目安にボールやパックを打てばよいのかが分かりやすいように，テーブルにセンターラインを引いておく。』→記述例『ボールを打つ場所を分かりやすくするために』
【留意事項の記述】
　本時案のみならず，学習指導案全体（生徒実態，題材，指導方針等）の読み取りの後，ビデオ視聴を行ったことから，記述内容の具体化は必ずしも十分ではなかったが，削除された多くの箇所に書き込むことができていた。しかし，全文を削除した留意事項については，その手立てに気づいて書き出したものは少なかった。

⑥　模擬授業

　前述した生活単元学習「たんじょうかいをしよう」の授業の対象であった6名の児童を対象とする授業設計の演習を行った。参加した11名の

学生を3グループに分け，学習場所は同じ教室，1単位時間という条件で，授業設計を行う課題を与えた。

その結果，3グループは，体育「ボールを使った運動」，図工「靴屋さんを開こう」，生活単元学習「ボウリングをしにいこう」の授業を設計し，学習指導案（本時案）を作成した。

作成した学習指導案の内容をグループごとに発表（説明および模擬授業）し，それについて活発な討論が行われた。

⑦ 実地授業

学生が，毎週，授業参加しているO特別支援学校において，実地授業を行った。

実際には，【学習指導案（本時案）作成・検討：大学】→【授業実施：O特別支援学校】→【授業検討：大学】の手順で行われた。実施した授業は，小学部音楽科「大きなたいこ」である。

学生は，まず，特別支援学校の担当教師と打ち合わせを行い，それを基に本時案を作成した。作成された本時案を本講義の中で検討し，修正した。完成した本時案に基づいて実施される授業を参観（直接参観・ビデオ録画視聴）し，後日，大学で授業検討を行った。

ここでは，本時の目標の具体化，手立て，評価に重点が置かれた。授業検討では，様々な意見や感想が出されたが，その多くは，授業づくりにおいて最も基本的かつ重要である個々の授業目標（活動ごとに個々に期待する姿）の具体化に関するものであった。

(3) 講義を通して

本講義では，主に授業づくりを取り上げた。教育現場の授業づくりにおいては，次のような力が必要といえる。

⑦授業を見る力
・主体的な取り組み　・目標達成状況　・指導内容や指導の手立て

㋑ 授業をつくる力
・実態把握　・目標（課題）設定　・具体的な手立て
㋒ 自分の授業を説明する力
・個々の課題，指導，結果の関連説明　・説明対象に合わせた説明
これら㋐㋑㋒の力は，授業を創る喜びとも密接に関連している。
㋓ 授業を創る喜び

　授業づくりは，目の前の子どもたちの実態と教科等の内容との関連から教えたいもの，即ち，授業目標を設定するところから始まる。
　そして目標達成のための最適な題材（単元）選定，指導計画，本時の目標設定，学習活動の構成，手立ての工夫等による授業展開へと進めていく。授業づくりは，このような過程を経て行われる創造的作業といわれる。
　教師は，日々の授業結果を振り返り，授業の改善に取り組んでいる。授業改善は，授業の結果に基づいて行われるものであり，授業の結果とは，授業の中で見せる子どもの姿そのものである。授業後のテスト等による評価もあるが，特別支援学校では，授業の一コマ一コマで見せる子どもの姿をとらえることによる評価がより重要となる。教師は，授業における子どもの姿をとらえる（見る）ことによって目標や手立てを改善していくのであり，子どもからの学びの過程ともいえる。
　しかし，一人の教師が多様な実態の子どもの姿を正確にとらえ，目標や手立ての妥当性を確かめるには限界があるのも事実である。そこで，同僚とともにチームとして取り組むのであり，チームで行うからこそ目標達成が可能になるとともに，授業づくりの喜び，醍醐味が味わえるともいえる。
　このように，授業づくりは，子どもとともに行う創造的作業，子どもの実際の姿からの学び，チームとしての取り組みであり，このようにし

て取り組むことができるのは，教師にとっての大きな喜びといえる。このことを学生に十分伝えたいと思っている。

〈文献〉
・太田正己編著（2004）『特別支援教育のための授業力を高める方法』黎明書房。
・岡山大学教育学部附属特別支援学校（2006）「一人一人の教育的ニーズに応じた指導・支援の充実を目指して」（平成17年度研究協議会要項）。
・岡山大学教育学部附属特別支援学校（2008）「社会性の育成を目指した授業づくり」（平成19年度研究協議会要項）。
・仲矢明孝（2004）「知的障害児の教育的支援」，藤井聰尚編著『特別支援教育とこれからの養護学校』ミネルヴァ書房，pp. 206-225。
・太田正己（2008）『授業案作成と授業実践に役立つ特別支援学校の授業づくり基本用語集』黎明書房。
・仲矢明孝（1995）「養護学校における教育実習の学習指導案作成指導に関する研究―その2―」，岡山大学教育学部附属教育実習研究指導センター『教育実習研究年報第6号』，pp. 11-23。

（仲矢明孝）

11 RP法と授業研究

　授業研究は，教師が授業を行う上での計画や指導の工夫，授業の改善のため，授業を焦点化し，取り組む研究である。知的障がい者を教育の対象とする特別支援学校においても授業研究の取り組みは多く見られる。特別支援学校での授業研究は，授業を参観し，その授業について検討会を行い，学習指導案と授業の様子とを合わせて検討することが一般的な授業研究の方法である。ここでの分析は，数量的に授業の営みを処理するというようなものではなく，総合的・質的な分析を行うというものである（清水，1989）。

　太田（1992）は，このような実践の場で一般的に行われている授業研究法を基にした授業改善に有効な方法としてのRP法を提案している。

　本章では，RP法を研究方法として用いた授業研究の分析を通して，授業研究法としての要点を示し，教育実践における活用について述べるとともに，授業改善の成果についても言及したい。ここで分析対象としたのは，「特殊教育学研究」誌に掲載された2編の研究（大谷，2002，2006）である。

(1)　「ボランティア体験学習」についての授業研究

①　授業の概要

　本研究で対象となる授業は，学校外での具体的経験的な活動を中心とした「ボランティア体験学習」である。授業は，生徒の発達，指導目標や将来像をもとにグループ編成した高等部の1つのグループ（以下，Aグループとする）を対象としている。1年目のAグループは10名（2

年生：男子3名・女子2名，3年生：男子3名・女子2名）であり，2年目のAグループは3年生5名に（前年度の2年生が進級した）新たに2年生4名が加わり，計9名（2年生：男子3名・女子1名，3年生：男子3名・女子2名）である。

対象生徒の知的障がいの程度は，1年目，2年目ともに中度・軽度（療育手帳の判定による）の生徒が多く，重度の生徒は1～2名であった。また指導体制は，中心指導者1名，補助指導者1名の2名である。授業設定の意図および単元の目標は，表1に示した。

表1 「ボランティア体験学習」における授業設定の意図，単元の目標および授業計画

〔授業意図〕
「ボランティア体験学習」では，これまでの学習で培ってきた社会経験や障がいのない人とのかかわりを発展させ，より高い社会性を身につけること，いろいろな人とのかかわりを通して，ともに活動することの喜びを感じること，社会の中で他の人と一緒に生きていこうとする態度を身につけることを求めたい。
〔単元目標〕
ボランティアに関する学習の中で，いろいろな人とのかかわりを通して，自分が社会の一員であること，そして，その社会に貢献できることに気づくことができる。
〔指導計画〕
（1年目）
　第一次
　　B先生とC先生（教育実習生）のボランティア体験（2時間）
　　いろいろなボランティア体験を知ろう（8時間）
　第二次
　　ボランティア体験Ⅰ（収集ボランティア）（8時間）
　　ボランティア体験Ⅱ（D療護園でのボランティア）（7時間）
　　ボランティア体験Ⅲ（果樹を守る活動）（8時間）

第三次
　ボランティア体験を振り返って（2時間）
（2年目）
第一次
　いろいろなボランティア体験を知ろう（2時間）
第二次
　ボランティア体験Ⅰ（収集ボランティア……校内生徒会活動）（4時間）
　ボランティア体験Ⅱ……夏期休業中の自由参加
　ボランティア体験Ⅲ（収集ボランティア）（8時間）
第三次
　ボランティア体験を振り返って（2時間）

② 授業研究の取り組み

授業研究はRP法を用い，以下のような手続きで行った。
① 授業担当者による授業計画の作成（1年目の授業）
② 授業担当者による授業の実施とその評価（授業の記述，授業の批評）
③ 対象生徒による学習活動に対する評価（感想文，評価）
④ 批評者による学習活動に対する社会的妥当性の評価
⑤ 授業担当者による授業計画の作成（2年目の授業）
⑥ 授業担当者による授業の実施とその評価（授業の記述，授業の批評）
⑦ 対象生徒による学習活動に対する評価（感想文，評価）

　授業研究にあたっては，太田（1995）による授業改善のための授業批評の分析視点を参考に，授業者が授業の記録（授業の記述；1年目，2年目の3つのボランティア体験学習）を行い，その上で著者を含む2名で単元設定の理由における授業意図および単元目標に沿って批評（授業後の批評；1年目の2つのボランティア体験学習）を行った。
　授業後の批評に関しては，VTRを活用した。また生徒の学習活動に対する評価および批評者による学習活動に対する社会的妥当性の評価に

11 RP法と授業研究

ついても実施し，これら全ての結果を用いて「ボランティア体験学習」の単元目標の達成について問い，学習活動の内容を検討した。さらに，その上で，検討結果に基づき授業改善に取り組んだ。

授業者による授業の記述および授業の批評（研究の手続き；②，⑥）の例を表2に示した。

表2　授業者による授業の記述と授業に対する批評（一部抜粋）

〔授業者による授業の記述〕
（1年目の学習）ボランティアセンターでのボランティア体験学習
A．ボランティアに関する話は最初よく聞いていたが，後半退屈そうにしていた。
B．テレホンカードの絵柄にとても興味を示した。テレホンカードの整理はカードの絵柄を見て楽しみながら行っていた。
　　………
〔授業のVTRに対する批評〕
（1年目の学習）ボランティアセンターでのボランティア体験学習
a．ボランティア活動に関する話は，当日の活動以外のものも多く，リーフレットをもとにした説明が難しかったのではないか。
b．テレホンカードは100枚の束にしなければならないが，10枚ずつ数えたことで，どの生徒も取り組むことができていた。しかし，活動時間が少し長すぎたのではないか。休憩も必要。
　　………
d．生徒以外のボランティアの数が少なく，かかわりを持てた生徒が少なかったのではないか。

③　授業研究法としての要点および成果

授業者による授業の記述は，授業の肯定的な部分（例えば，表2B.）だけでなく，学習の展開における課題についても捉えており（例えば，表2A.），授業を冷静に振り返ることができている。しかし，授業に対

する批評者の批評は，授業者の捉えた視点以上に示唆に富んでいる。

本単元の最重要テーマは「社会とのかかわり」であり，指導後の批評では，「ボランティア活動を理解することの難しさ（表2a.）」，「ボランティア同士のかかわりの少なさ（表2d.）」として指摘されている。

テレホンカードへの興味・関心やカードを束ねるという比較的易しい活動に支えられて，生徒の学習は成立しているように見える。しかし，批評者は今回の体験活動がどのように社会の人や物事とつながっていくのか，また人々が協力して自分たちの社会をよりよくすることが大切であるというボランティア活動の本質的な理解に関しては，その指導に工夫の必要があることを指摘している。授業後の批評において，このような意見が語られたのは，授業意図や単元の目標が明確にされ，十分に共有されていたからであろう。

RP法を用いた授業研究においては，授業者と批評者が授業意図や目標をどのように，そしてどの程度共有できているかを捉え，分析することは重要である。授業者の授業意図は授業案に表されているものであるから，批評者は十分に読み込み，その意図を汲み取る努力が求められよう。

また先に示した授業研究の取り組みによって「ボランティア体験学習」の授業は改善した。第2回目のボランティアセンターでの活動において，ボランティア活動の理解を深めることに関しては，テレホンカードが換金され，社会的活動に費やされることが説明され，生徒の活動に即したボランティアに焦点化がなされている。また収集に使用する箱を作成した後に，生徒が設置を依頼するという活動が追加されている。

一方，ボランティア同士のかかわりについては，ボランティアサークルの人数が増え，テレホンカード等の整理に加えて，ともに収集箱を作成する活動が新たに計画されている。またボランティア同士の交流が，活動に取り組むもの同士の親交を深める場として設定されている。

そして改案された授業案に基づく学習展開を通して，学習に取り組む生徒には，単元の目標を達成する方向への変化がみられた。表3は生徒の学習に関する記述である。

表3　ボランティア体験学習における生徒の学習に関する記述（一部抜粋）

〔2年目の学習〕ボランティアセンターでのボランティア体験学習
① いい勉強になりなした。箱作りすごく楽しかった。またボランティアやりたい。
② おじさん，おばさんと一緒に切手を切るのやってみて楽しかった。
　　………
④ やってみて一番楽しかったことは箱作りです。初めは難しいかなと思ったけど，ボランティアの人たちとワイワイしながらできてよかった。また友達と一緒に古切手の整理をしたい。
　　………

これらのことは，RP法によって，授業の目標と目標達成の手段の妥当性の検討（太田，1995）が的確に行われたことで，「ボランティア体験学習」の授業改善が進んだことを示している。

(2)　「働く生活を支える生活」についての授業研究

①　授業の概要

本研究で対象となる授業は，職業および余暇の指導内容に属する（緒方，2003）進路学習である。授業は，生徒の発達，指導目標や将来像をもとにグループ化した高等部の2年生の1グループを対象としている（以下，「2E」とする）。2Eの生徒は男子3名である。知的障がいの状態は，中度の知的発達障がいを有する生徒1名，軽度の知的発達障がいを有する生徒2名（療育手帳の判定による）である。また指導体制は，

全9時間中，1〜4時間までは1名の指導者，終盤の職業センターへの見学では中心指導者1名と補助指導者2名の計3名である。授業設定の意図および単元の目標は，表4に示した。

表4 「働く生活を支える生活」における授業設定の意図および単元の目標

〔授業意図〕
「働く生活を支える生活」の学習は，高等部段階にある生徒として，就労を支援するための制度の活用，働く生活を支える日常の健康管理や余暇の過ごし方などについての認識を深めることを期待して設定したものである。生徒には，余暇に対する認識を深めながら自分の希望する活動を見つけだすこと，就労に関する問題や悩みの解決方法に気づくことを求めたい。

〔単元目標〕
将来の働く生活を視野に入れ，余暇活動に対する認識を深めるとともに，職業生活に関する問題や悩みへの対処の仕方に気づくことができる。

② 授業研究の取り組み

授業研究はRP法を用い，以下のような手続きで行った。
① 授業計画の作成
② 授業実践　第1時「先輩たちのある日，ある時」
③ 授業の参観
④ 授業批評【授業の事実に基づいて，授業目標の適切さと目標達成の手段の妥当性を検討し，よりよい授業を創造できるように語る（太田，1994）】
⑤ 授業反省【批評者による批評，生徒の授業における記述，授業担当者自身の授業の記述を比較，分析し，成果と課題を整理する】
⑥ 授業計画の作成
⑦ 授業実践　第2時「どんな余暇の過ごし方に興味がある？」③〜⑥

の繰り返し
⑧　授業案検討会【第3時の授業案から授業意図，授業目標，指導の手だてを読みとり，授業案の検討を行う】
⑨　授業計画の変更・作成
⑩　授業実践　第3時「仕事のトラブル"SOS"」
⑪　授業の参観
⑫　授業後の検討会における授業批評
⑬　授業反省
⑭　授業実践　第4時「W市の職業センター＆ワークトレーニング社」③〜⑥の繰り返し
⑮　授業実践　第5〜9時「W市の職業センター＆ワークトレーニング社の見学とまとめ」

　授業研究にあたっては，太田（1995）による授業改善のための授業批評の分析視点を参考に，授業者が授業の記録を行い，その上で単元設定の理由における授業意図および単元目標に沿って批評（授業後の批評）を行った。授業後の批評は，高等部教員による授業批評（研究の手続き；④⑧）と全教員による検討会での授業批評（研究の手続き；⑫）がある。またVTRについては，必要に応じて活用した。

③　授業研究法としての要点および成果

　高等部教員による授業後の批評は，授業で観察された実際の生徒の様子に基づいたものである。例えば，表5の「c」に示した批評者の授業に対する指摘は，生徒Cが希望する余暇として洗濯や布団を引くことであると回答した事実を捉え，授業意図や目標と照らし合わせたことによるものである。授業の参観者が授業について意見を述べるとき，授業場面で観察された事実に基づき，授業案に示された授業意図および目標との整合性を吟味して語ることは重要である。

表5　授業および授業案に対する批評（一部抜粋）

〔先輩たちのある日，ある時〕
a．先輩たちの過ごし方の例示により，余暇について自分なりに考えることができるようになっていったように思われる（生徒A，B，C）。
　　………
c．生徒Cは，余暇の過ごし方で，家事など生活に必要な部分と娯楽や習い事など楽しみや学びの部分との区別がついていないのではないか。
　　………

〔どんな余暇の過ごし方に興味がある〕
e．社会に出ていくと，余暇でおこなう趣味や楽しみは大変大切になるだろう。今日の授業で自分の楽しみが見つけられるかもしれないという期待が持てただろうか（生徒A，B，C）。
　　………
g．将来しんどくなって自分の生活を振り返り，もっと何かしたいと思ったとき，今日のような授業で知識を持っていれば，違ってくるだろう。このような学習はどこかに残るものだ。
　　………

〔仕事のトラブル！「SOS」　※授業案〕
　　………
k．職業センターについて調べるとき，センターが持つ就労に関する相談や問題解決のための支援などの役割について調べることに絞る方が授業のねらいに沿うのではないか。

〔仕事のトラブル！「SOS」〕
　　………
n．パソコンを使っての調べ学習は，熱心に取り組んでおり，もう少し取り組みの時間が長くあっても良かったのではないか（生徒A，B，C）。また，Aくんのもっと調べたいという意欲を生かし，理解を深めるために，まとめのプリント学習の時にもパソコンを活用すれば良かったのではないか。
　　………

太田（2008）は，RP法において"授業での「事実」を挙げて，具体的に語る，理由を挙げて理論的に語る"ことの重要性を示している。実践現場で行われている授業研究において，最も求められるべきはずの成果である授業の改善がなされない理由の1つに，授業後の検討会の批評のあり方が挙げられるのではないだろうか。検討会の参加者の発言が自身の経験を単に披露するものであったり，表面的な賛辞に終わったりするだけでは，参観した授業に基づく検討会とはいえないであろう。

事実に基づいた批評者の発言こそが，授業を通して授業者と参観者とを結びつけ，授業づくり・授業改善という方向性を共有させることにつながるといえる。このような方向性を一にした討議では，批評者の発言がたとえ授業者にとって厳しい内容を含んでいたとしても，その批評が「けなす」等といった捉え方はされないものである。またこのような批評が成り立つためには，"最初は授業者の授業意図を肯定し，授業者に敬意を表した言葉で語る"（太田，2008）という語り方の重要性も見逃してはならない点であろう。

また先に示した授業研究の取り組みによって「働く生活を支える生活」の授業は改善した。授業後の検討会での批評を受けて，全ての授業の授業案には修正が加えられた。そして改案された授業案に基づく学習展開を通して，学習に取り組む生徒には，単元の目標を達成する方向への変化がみられた。

例えば，第2時では生徒の余暇に対する捉え方の混乱が解消され，理解にも深まりが認められた。第3時では先輩という身近な存在を教材化した例示に高い関心を示し，職業センターの役割についての理解にも結びついた。第4時ではパソコンを繰り返し，主体的に活用して職業センター周辺の略地図を一人一人が作製できている。

これらのことは，単元の目標を達成する方向への学習の変化であり，授業研究の成果であると考えてよいだろう。

一方，授業の改善は，授業者が自らの授業をよりよいものにしていきたいという明確な意志を持ち，改善のためのポイントを省察によって押さえることができなければ難しい。授業者がまずこのような意志を持ち，授業批評を真摯に受け止め，生徒の記述，発言や態度等から注意深く授業の成果をくみ取ろうとすることによって，自らの授業の改善に結びつけることができるということも忘れてはなるまい。

〈文献〉
- 清水貞夫（1989）「対立した意見の中から宝を探そう」，『発達の遅れと教育』383（12），pp. 4-5。
- 太田正己（1992）「精神遅滞児教育における授業研究―その2：授業批評の方法論的検討―」，『京都教育大学紀要A』80，pp. 1-12。
- 大谷博俊（2002）「知的障害養護学校における授業研究―授業批評・生徒の評価・批評者の社会的妥当性の評価を通したボランティア体験学習の検討，授業改善の試み―」，『特殊教育学研究』第40巻2号，pp. 235-242。
- 大谷博俊（2006）「知的障害養護学校における『進路』に関する授業研究」，『特殊教育学研究』第43巻5号，pp. 363-372。
- 太田正己（1995）「授業の実践段階における授業批評の影響」，『特殊教育学研究』第33巻1号，pp. 9-16。
- 緒方直彦（2003）「知的障害生徒の個別移行支援計画に関する一考察―進路学習の課題をふまえて―」東京学芸大学大学院教育学研究科修士論文。
- 太田正己（1994）『普段着でできる授業研究のすすめ―授業批評入門―』明治図書出版。
- 太田正己（2008）『授業案作成と授業実践に役立つ特別支援学校の授業づくり基本用語集』黎明書房。

（大谷博俊）

おわりに

　私の養護学校教員時代の授業とのかかわりを含め，特別支援学校（養護学校）や特別支援学級（特殊学級）での授業に関する実践研究や歴史研究によって，ひとつの形を成してきたRP法による現在の学校での取り組みをまとめることが出来た。
　このRP法の出発点は，私の研究授業での経験にある。
　昭和50年5月12日月曜日第2限目。これは，私がこの年の4月に教員になってから初めて授業案（細案）を書き，30名程の同僚（すべて先輩）の教員に参観していただいた日時である。教員としての最初の研究授業の日時である。
　私は教員になって1ヵ月半足らずであるから，それは教育実習生とほとんどかわらない研究授業であったかもしれない。いまでいえば，知的障害特別支援学校小学部の3年生から6年生の子どもたちを対象にした算数科の授業である。題材名「まる，さんかく，しかく」と授業案に記している。
　そのときから授業を研究することにかかわって，35年ということになる。このとき参観していただいた先輩の先生から，後でいただいた授業案に「目標の難易度を考える」と書き込まれてあった。
　私自身，現在，全国のいろいろな特別支援学校の授業研究会に参加し，参観の前に授業案を読み，場合によっては数度読み返す。本論で述べたように授業案は参観するために有用な情報がたくさん詰まっているからである。そして，授業案にいろいろと書き込みをする。ときには「目標の難易度を考える」と書く。授業目標が，「子どもの手の届くこと」でなければ，この一時間の授業ではとても達成できないからである。いわ

ゆるヴィゴツキーの発達の最近接領域に設定されているか否かを考えることである。

　別の参観者には，この授業案の「本時の展開」の学習活動のところに参観メモを残していただいている。私は「いろいろの形の中から同じ形のものを見つけ出す」学習活動を設定し，その下位活動として「大きさに関係なく，同じ形を見つけ出す」ことを子どもたちに求めた。この参観者は，「いろいろの形」に矢印を入れて「多すぎる」と赤字で記入されている。さらに，「わける，机の上に置く→分類の仕方→整理」，また「分類の仕方→教師が指示する（おくところ）」等の参観メモが散見される。

　35年前のこの研究授業に関して，私に細かい点までの記憶はない。この「分類の仕方→教師が指示する（おくところ）」というメモは，「同じ形を見つけ出し分類して机の上に置く」までが子どもの学習活動であるべきなのだが，授業の中では授業者である私が置くところを指示してしまっていて，子ども自身が同じ形を分類できているか否か不明になってしまっていることを指摘したメモかもしれない。

　この日の授業研究会で，教頭先生が批評の一部として「まる，さんかく，しかくを分ける特徴はなんですか」と質問されたことが，いまでも私の頭に鮮明に残っている。

　RP法による授業研究も具体性原則による授業づくりも，その出発点は35年前のこの研究授業と参観者のメモや批評である。そのように私は考えている。

　本書は，このような出発点から一つの形を成してきたRP法が，特別支援教育の授業を効果的に高め，授業の改善，授業力の向上，同僚性の形成に役立ってきたことを実践によって示したものである。

　RP法が多くの学校の授業研究に取り入れられ，子どもたちの成長と先生方の研修に役立てば幸いである。

太田正己

執筆者一覧

太田 正己（皇學館大学教授）
松井　悟（滋賀県立新旭養護学校教諭）
荒木 春美（石川県立明和養護学校教諭）
冨田　篤（福島大学附属特別支援学校教諭）
岩井千鶴子（広島県立広島中央特別支援学校教諭）
高橋 章二（岡山県立岡山養護学校小学部教頭）
梅津 幸男（福島県立会津養護学校教諭）
大濱 早苗（湖南市立三雲小学校教諭）
中川 宣子（京都教育大学附属特別支援学校教諭）
仲矢 明孝（岡山大学教授）
大谷 博俊（鳴門教育大学准教授）

（所属は執筆時のものです。）

編著者紹介

太田正己

　1953年生まれ。現在，千葉大学教育学部教授。京都教育大学名誉教授。博士（学校教育学）。京都教育大学教育学部教授，京都教育大学附属養護学校長，中央教育審議会専門委員（特別支援教育），皇學館大学社会福祉学部教授等を歴任。専門は，特別支援教育の授業づくり・授業研究。

　養護学校での十数年の教師経験を経たのち，大学に勤務。障害のある子どもたちのいる学級での授業づくりや授業研究の方法の研究が専門で，教育現場に出かけ，授業参観や授業研究会を行い，RP法による授業研究会を行うなど，臨床的方法による研究を行っている。また，自閉症や知的障害の子どもたちの教育方法の歴史的研究にも取り組んでいる。

　主な著書：

『深みのある授業をつくる―イメージで教え，事実で省みる障害教育―』（文理閣，1997年）
『自分の授業をつくるために―基礎用語から考える―』（文理閣，2000年）
『障害児のための授業づくりの技法―個別の指導計画から授業研究まで―』（黎明書房，2000年）
『自閉症児教育方法史（増補版）』（文理閣，2003年）
『障害児のための個別の指導計画・授業案・授業実践の方法』（黎明書房，2003年）
『名言と名句に学ぶ障害児の教育と学級づくり・授業づくり』（黎明書房，2003年）
『特別支援教育のための授業力を高める方法』（黎明書房，2004年）
『障害児と共につくる楽しい学級活動』（黎明書房，2005年）
『特別支援教育の授業づくり46のポイント』（黎明書房，2006年）
『特別支援教育の授業研究法―ロマン・プロセス法詳説―』（黎明書房，2007年）
『授業案作成と授業実践に役立つ特別支援学校の授業づくり基本用語集』（黎明書房，2008年）
『大学・高校のLD・AD/HD・高機能自閉症の支援のためのヒント集―あなたが明日からできること―』（黎明書房，2009年）
『特別支援教育の教師のための授業づくり』（明治図書出版，2009年）

RP法で特別支援教育の授業を効果的に高める

2010年5月10日　初版発行

編著者	太田　正己	
発行者	武馬　久仁裕	
印　刷	株式会社　一誠社	
製　本	協栄製本工業株式会社	

発　行　所　　株式会社　黎明書房

〒460-0002 名古屋市中区丸の内3-6-27　EBSビル
☎052-962-3045　FAX052-951-9065　振替・00880-1-59001
〒101-0051 東京連絡所・千代田区神田神保町1-32-2
南部ビル302号　☎03-3268-3470

落丁本・乱丁本はお取替します。　　ISBN978-4-654-01842-0
©M. Ohta 2010, Printed in Japan